ENTRE LOS TÍTULOS DE ESTA SERIE

Editados y con introducciones por Mary-Alice Waters

Che Guevara sobre economía y política en la transición al socialismo
CARLOS TABLADA (2024, 1997)

Nuestra historia aún se está escribiendo
ARMANDO CHOY, GUSTAVO CHUI, MOISÉS SÍO WONG (2017, 2005)

Cuba y Angola: La guerra por la libertad
HARRY VILLEGAS (2017)

"Son los pobres quienes enfrentan el salvajismo del sistema de 'justicia' en EE.UU."
LOS CINCO CUBANOS HABLAN SOBRE SU VIDA EN LA CLASE TRABAJADORA NORTEAMERICANA (2016)

Las mujeres en Cuba: Haciendo una revolución dentro de la revolución
VILMA ESPÍN, ASELA DE LOS SANTOS, YOLANDA FERRER (2012)

Cuba y la revolución norteamericana que viene
JACK BARNES (2007)

La Primera y Segunda Declaración de La Habana
(2007)

Marianas en combate
TETÉ PUEBLA (2003)

De la sierra del Escambray al Congo
VÍCTOR DREKE (2002)

October 1962: The 'Missile' Crisis as Seen from Cuba
TOMÁS DIEZ ACOSTA (2002)

Playa Girón/Bahía de Cochinos
FIDEL CASTRO Y JOSÉ RAMÓN FERNÁNDEZ (2001)

Che Guevara habla a la juventud
(2000)

Haciendo historia
ENTREVISTAS CON CUATRO GENERALES CUBANOS (1999)

¡Qué lejos hemos llegado los esclavos!
NELSON MANDELA Y FIDEL CASTRO (1991)

EL CAPITALISMO
Y LA TRANSFORMACIÓN
DE ÁFRICA

El capitalismo y la transformación de África

REPORTAJES DESDE GUINEA ECUATORIAL

**Mary-Alice Waters
Martín Koppel**

PATHFINDER

NUEVA YORK   LONDRES   MONTREAL   SYDNEY

Copyright © 2009 por Pathfinder Press
Todos los derechos reservados conforme la ley
All rights reserved

ISBN 978-1-60488-017-5
Número de Control de la Biblioteca del Congreso (Library of
Congress Control Number) 2008943726

Impreso y hecho en Canadá
Manufactured in Canada

Primera edición, 2009
Séptima impresión, 2024

PORTADA: Evinayong, Guinea Ecuatorial, 12 de octubre de 2005: desfile para celebrar la independencia guineana de España. En primer plano, contingente de trabajadores petroleros empleados por la ExxonMobil. (Martín Koppel/*Militante*)

CONTRAPORTADA: Desde arriba, plataforma petrolera frente a la costa de Guinea Ecuatorial; participantes en inauguración de Primera Feria del Libro de Guinea Ecuatorial, octubre de 2005; ceremonia de graduación, Universidad Nacional de Guinea Ecuatorial, agosto de 2008; estudiantes de medicina guineanos y trabajadores médicos internacionalistas cubanos, agosto de 2008; extensa construcción de caminos rompe aislamiento geográfico. (Créditos: arriba y abajo, *La Gaceta de Guinea Ecuatorial*; las demás, Martín Koppel/*Militante*)

DISEÑO DE LA PORTADA: Toni Gorton

Pathfinder
www.pathfinderpress.com
Correo electrónico: pathfinder@pathfinderpress.com

CONTENIDO

Sobre los autores 7
Introducción 11

Primera parte: Datos
Datos sobre Guinea Ecuatorial 25

Segunda parte: La transformación de la producción y de las relaciones de clases
La transformación de la producción y de las relaciones de clases resalta las realidades que enfrentan millones en África 33
por Martín Koppel
Jóvenes médicos guineanos son clave para desarrollar un sistema de salud pública 49
por Martín Koppel y Mary-Alice Waters
Cooperación médica cubana: ejemplo internacionalista de una revolución socialista 61
por Martín Koppel y Mary-Alice Waters

Tercera parte: Sin cultura no se puede ser libre
'Leer es crecer' es lema de feria del libro 79
por Martín Koppel
Empezamos con el mundo y cómo transformarlo 89
por Mary-Alice Waters
La experiencia de Cuba está a su disposición 97
por Víctor Dreke

Cuarta parte: Cuaderno de reportera
Cuaderno de reportera 113
por Mary-Alice Waters

Índice 153

MARTÍN KOPPEL/MILITANT

MARTÍN KOPPEL/MILITANT

BRIAN TAYLOR/MILITANT

Mary-Alice Waters (*arriba a la izquierda*) y Víctor Dreke (*arriba a la derecha*) ofrecen presentaciones en la feria del libro de Guinea Ecuatorial en 2005. **ABAJO**: Martín Koppel (*extrema izquier* conversa con graduado de la Universidad Nacional de Guinea Ecuatorial en 2008.

SOBRE LOS AUTORES

Mary-Alice Waters es directora de la revista *Nueva Internacional* y presidenta de la editorial Pathfinder. Miembro del Partido Socialista de los Trabajadores desde 1964 y del Comité Nacional del PST desde 1967, ha ocupado responsabilidades centrales para la labor internacional del partido. Se unió a la Alianza de la Juventud Socialista en 1962; fue directora del *Young Socialist* (1966–67) así como secretaria nacional de la AJS y luego su presidenta nacional (1967–68). Desde 1969 hasta comienzos de los años 70 Waters fue directora del semanario *The Militant*. Waters es autora, entre otros títulos, de *¿Es posible una revolución socialista en Estados Unidos?*, *Pathfinder nació con la Revolución de Octubre*, *Che Guevara y la realidad imperialista* y *Marxismo y feminismo*. Ha editado y contribuido a decenas de libros y folletos de la Pathfinder, entre ellos: *Rosa Luxemburg Speaks* (Habla Rosa Luxemburgo); *Cuba y la revolución norteamericana que viene*; *Cosmetics, Fashions, and the Exploitation of Women* (Los cosméticos, la moda y la explotación de la mujer); *El rostro cambiante de la política en Estados Unidos*; *El desorden mundial del capitalismo*; y una serie que ahora comprende 19 títulos sobre la Revolución Cubana y su importancia en la política mundial.

Martín Koppel es subdirector del *Militante* y es un editor en español de la editorial Pathfinder como también de la revista *Nueva Internacional*. Es miembro del Comité Nacional del Partido Socialista de los Trabajadores.

Oriundo de Argentina, Koppel se crió en Estados Unidos y se unió al Partido Socialista de los Trabajadores en 1977. Antes de incorporarse a la redacción del *Militant* en 1991, era obrero siderúrgico y miembro del sindicato del acero USWA. Koppel ha viajado extensamente por América Latina y el Caribe reportando sobre sucesos políticos desde Cuba hasta movilizaciones obreras en Puerto Rico, Argentina, Brasil, Paraguay, México, República Dominicana, Nicaragua y Granada.

Koppel editó *Puerto Rico: la independencia es una necesidad* por Rafael Cancel Miranda y *Habla Malcolm X*. Es autor de *Sendero Luminoso: Evolución de una secta estalinista*.

Víctor Dreke se incorporó de adolescente a la lucha clandestina y a la guerra revolucionaria que en 1959 derrocó a la dictadura, respaldada por Washington, de Fulgencio Batista. A comienzos de los años 60 estuvo al mando de las unidades voluntarias de trabajadores, campesinos y jóvenes que derrotaron a las bandas contrarrevolucionarias organizadas por la CIA en la sierra del Escambray en la región central de Cuba.

Empezó su participación en las luchas de liberación de África en 1965, siendo uno de los dirigentes de la columna de combatientes voluntarios internacionalistas de Cuba que lucharon en el Congo junto a los partidarios antiimperialistas del asesinado dirigente Patricio Lumumba. Dreke fue el segundo al mando de esa columna bajo Ernesto Che Guevara. En 1966–68 Dreke encabezó la misión militar cubana en Guinea-Bissau —que entonces luchaba por lograr su independencia de Portugal— y en la República de Guinea (Guinea-Conakry).

Desde 1990 se ha desempeñado en distintas capacidades como representante de la Revolución Cubana a través de África. Dreke fue embajador de Cuba ante Guinea Ecuatorial desde octubre de 2003 hasta agosto de 2008. Es vicepresidente responsable de relaciones internacionales de la Asociación de Combatientes de la Revolución Cubana y vicepresidente de la Asociación de Amistad Cuba-África.

INTRODUCCIÓN

El capitalismo y la transformación de África: Reportajes desde Guinea Ecuatorial no es un relato de cómo los siglos de dominación colonial, la trata de esclavos y el despojo imperialista han asolado a los pueblos de África y saqueado los recursos naturales del continente. Esa historia, en toda su brutalidad y con todas sus consecuencias, la han vivido incontables millones de personas y se ha documentado millares de veces.

Los autores no pretendemos ser expertos en Guinea Ecuatorial, mucho menos en el vasto y ricamente variado continente africano.

A las masas trabajadoras de África Central no las presentamos como víctimas indefensas. Tampoco llamamos a nuestros lectores a que se sumen al coro de ricas estrellas de rock y de las ONG financiadas por el imperialismo que lloran por la miseria de África.

Nuestro enfoque es muy distinto. Destacamos la transformación de los instrumentos de producción y las nuevas relaciones de clases que surgen hoy día en Guinea Ecuatorial. Vemos a la clase trabajadora, traída desde las cuatro esquinas del globo, que comienza a desarrollarse: en la misma medida que se va formando una burguesía, junto a capas crecientes de comerciantes, intermediarios y profesionales.

Este es un libro acerca del futuro que se va forjando en el presente. Trata sobre la lucha para convertirlo en un futuro que impulse los intereses de la humanidad trabajadora, diferente en todo sentido del único pasado que hemos conocido. Trata sobre las expectativas acrecentadas y el aumento de la confianza, el orgullo, la conciencia y la combatividad de las mujeres y los hombres que en sí son agentes y productos de esta transformación en curso.

En 2005 y en 2008, durante dos viajes a Guinea Ecuatorial que se recogen en estas páginas, los autores y los equipos de reporteros de los que formamos parte tuvimos la oportunidad de ver con nuestros propios ojos estos cambios acelerados, y de hablar con cientos de personas cuya vida hoy día se ve profundamente impactada por los mismos.

Igualmente importante, esas visitas nos permitieron ver y dar constancia del ejemplo vivo de la revolución socialista de Cuba, sin la cual el camino a seguir para el pueblo trabajador en África, como en todas partes del mundo, sería mucho más difícil de distinguir. La mano de solidaridad proletaria que extienden los más de 230 internacionalistas cubanos que trabajan en Guinea Ecuatorial como médicos, enfermeros, técnicos de laboratorio, maestros, electricistas y demás, indica el tipo de relaciones sociales —y de seres humanos— que solo una revolución socialista puede producir.

Cuando se hilan, estas hebras aparentemente disímiles —el comienzo de la transformación de la producción y de las relaciones de clases en Guinea Ecuatorial y el ejemplo práctico de la revolución socialista cubana— producen la tela rica y compleja de la cual se cortará el patrón del futuro no solo de África sino del resto del mundo.

∼

Hace apenas 15 años se confirmó que debajo de la plataforma continental en torno a Guinea Ecuatorial yacían vastos depósitos de petróleo y gas natural. Empresas petroleras estadounidenses firmaron contratos con el gobierno para explotar esos recursos, convirtiendo el país hoy día en el tercer productor de petróleo en África subsahariana, siguiendo solo a Nigeria y Angola. En un abrir y cerrar de ojos, hablando en términos históricos, se ha superpuesto una de las industrias internacionales más intensivas de capital, más complejas tecnológicamente y más altamente monopolizadas, sobre una base de productividad del trabajo que era producto de milenios de caza, pesca y agricultura de subsistencia, y sobre relaciones sociales mayormente precapitalistas, deformadas por siglos de dominación colonial y de tráfico inhumano por parte de comerciantes africanos y europeos de esclavos destinado a satisfacer las demandas de mano de obra de los dueños de plantaciones en América.

El gobierno de Guinea Ecuatorial ahora está utilizando parcialmente las regalías y otras formas de ingresos derivados de la explotación del petróleo y del gas natural para empezar a desarrollar la infraestructura básica de la que dependen la industria moderna y la creciente productividad de la mano de obra: la electrificación, caminos asfaltados, puertos modernos de aguas profundas, redes de teléfonos celulares y de comunicaciones de alta velocidad, sistemas de distribución de agua potable y alcantarillados, atención primaria de salud e instalaciones médicas mejoradas, el establecimiento de una universidad nacional, una facultad de medicina, bibliotecas públicas. Y más.

A medida que avanza este proceso, citando las palabras del Manifiesto Comunista, "todas las relaciones estancadas y enmohecidas, con su cortejo de prejuicios y opiniones antiguas y veneradas, son arrasadas, las nuevas se vuelven viejas antes de poder llegar a osificarse".

Las formaciones sociales milenarias comienzan a disolverse a medida que emergen relaciones de clases cambiantes, con todas sus disparidades patentes, contradicciones entre lo viejo y lo nuevo, y crecientes antagonismos de clases.

Lo que llama la atención ante todo en Guinea Ecuatorial hoy día no es la explotación cada vez más amplia de los recursos naturales del país, por notable que sea. Mucho más generalizados, y mucho más importantes a nivel histórico, son los indicios de que, a medida que el pueblo de Guinea Ecuatorial se ve integrado inexorablemente al mercado mundial —y a medida que se aleja el legado de dominación colonial, que frustró este desarrollo durante siglos— está surgiendo una estructura capitalista de clases moderna.

Hace más de 160 años, Carlos Marx y Federico Engels, los jóvenes fundadores del movimiento obrero moderno, quienes dieron voz a la línea de marcha del mismo, trazaron el nacimiento del capitalismo en Europa con una perspicacia y elocuencia sin par, al vivir la impetuosa expansión de este por todo el planeta. El capital llega al mundo, escribió Marx, "chorreando sangre y lodo por todos los poros, desde la cabeza hasta los pies". La revolución constante de los instrumentos de producción que impulsa su incesante búsqueda de ganancias se logra a expensas de la vida, del bienestar físico y del sustento de las clases de trabajadores sin propiedad que crea el capitalismo.

Durante cada etapa de la sociedad de clases, desde la esclavitud hasta el feudalismo y el capitalismo, según escribió Engels, "cada progreso de la producción es al mismo tiempo un retroceso en la situación de la clase oprimida, es decir, de la inmensa mayoría".

Pero Marx y Engels eran los últimos en criticar los tremendos avances en la productividad del trabajo social que engendra el ascenso del capitalismo. Al contrario, no mostraban más que desdén hacia los que ellos denominaban "socialistas reaccionarios", quienes se lamentaban ante el carácter inhumano del sistema fabril para pintar de manera sentimental el atraso rudo de la sociedad precapitalista que sofocaba la vida y atrofiaba la mente. La globalización, lejos de representar un mal a ser condenado y resistido, se reconocía como vivificante de la clase trabajadora internacional.

"Mediante la explotación del mercado mundial, la burguesía ha dado un carácter cosmopolita a la producción y al consumo dentro de todos los países", proclamó el Manifiesto Comunista. "En lugar de las antiguas necesidades, satisfechas con productos nacionales, surgen necesidades nuevas, que reclaman para su satisfacción productos de los países más apartados y de los climas más diversos. En lugar del antiguo aislamiento y la autarquía de las regiones y naciones, se establece un intercambio universal, una interdependencia universal de las naciones. Y esto se refiere tanto a la producción material, como a la intelectual... La estrechez y el exclusivismo nacionales resultan de día en día más imposibles".

"La burguesía, a lo largo de su dominio de clase, que cuenta apenas con un siglo de existencia", continuaba diciendo el Manifiesto, "ha creado fuerzas productivas más abundantes y más grandiosas que todas las generaciones pasadas juntas. El sometimiento de las fuerzas de la naturaleza, el empleo de las máquinas, la aplicación de la química a la industria y a la agricultura, la navegación de vapor, el ferrocarril, el telégrafo eléctrico, la asimilación para el cultivo de continentes enteros, la apertura de los ríos a la navegación, poblaciones enteras que surgen por encanto, como si salieran de la tierra. ¿Cuál de los siglos pasados pudo sospechar siquiera que semejantes fuerzas productivas dormitasen en el seno del trabajo social?"

El observar que elementos de dicha transformación se desarrollan en ciertas partes de África en la actualidad, "chorreando sangre y lodo por todos los poros", no es motivo de desesperación angustiosa. Son más pruebas del crecimiento en tamaño y fuerza de la clase trabajadora a nivel internacional. "En la misma proporción en que se desarrolla la burguesía, es decir, el capital, se desarrolla también el proletariado, la clase obrera moderna: una clase de trabajadores que solo pueden vivir siempre y cuando encuentren trabajo y que solo encuentran trabajo siempre y cuando su trabajo acreciente el capital".

Y dondequiera que se desarrolle este proceso en el globo terráqueo, dice el Manifiesto, esta "organización del proletariado en clase" da origen también, con el tiempo, a la organización social y política independiente de un proletariado que ha comenzando a tomar conciencia de sí mismo: "el movimiento independiente y consciente de la inmensa mayoría en provecho de la inmensa mayoría".

Hoy día la clase trabajadora se está expandiendo en más y más partes de África, como se expande la migración del pueblo trabajador de un país a otro dentro de África, así como la migración hacia África desde Asia, el Medio Oriente y más allá. Al mismo tiempo, números crecientes de inmigrantes africanos están fortaleciendo a las clases trabajadoras de más y más países imperialistas.

El entramado de todas estas experiencias adquiere aún más importancia hoy al acelerarse a nivel mundial la contracción global de producción capitalista más devastadora en tres cuartos de siglo. El precio que ya están pagando los trabajadores y agricultores en los países imperialistas será peor para los del mundo semicolonial, y más destructivo que durante la última gran depresión capitalista mundial de los años 20 y 30. Hace 80 años, la gran mayoría de la población de África, dominada aún por los amos coloniales europeos, vivía, en el mejor de los casos, en los márgenes del mercado mundial, donde las vicisitudes de la producción capitalista los tocaban menos directamente. En la actualidad, como dan constancia los costos de alimentos que suben vertiginosamente y los precios de materias primas que se desploman —para tomar solo los ejemplos más obvios— eso ya no es el caso.

Tenemos por delante décadas de guerras, crisis económicas, sociales y políticas, batallas de clases explosivas y luchas revolucionarias. La fuerza internacional, la conciencia y la independencia política de la clase trabajadora —y la claridad, disciplina y valentía de su vanguardia— serán decisivas para el desenlace. El comienzo de la transformación de Guinea Ecuatorial ayuda a subrayar el hecho que los trabajadores y agricultores de África tendrán un mayor peso que nunca en la forja de ese futuro.

La sociedad de clases "no ha sido nunca más que el desarrollo de una ínfima minoría a expensas de una inmensa mayoría de explotados y oprimidos; y eso es hoy más que nunca antes", explicó Engels en *El origen de la familia, la propiedad privada y el estado*. Esa ha sido la realidad desde los días, envueltos en las nieblas indocumentadas de la prehistoria, en que el ganado y las mujeres se convirtieron por primera vez en propiedad privada de unos cuantos hombres. Hoy día, cuando son fábricas que emplean a miles, vastas extensiones de tierra de cultivo que abarcan decenas o cientos de miles de hectáreas, y minas que producen millones de toneladas de carbón, metales y otras materias primas indispensables para la industria moderna, las que son propiedad privada de familias capitalistas en todo el mundo, la observación de Engels parece aún más evidente.

La conquista revolucionaria del poder político por parte

de los trabajadores y agricultores de Cuba el primero de enero de 1959 representó uno de los grandes saltos en la historia hacia el final de esos milenios de sucesivas sociedades de clases. Durante los dos años siguientes, el pueblo trabajador de Cuba y su gobierno expropiaron la inmensa mayoría de las plantaciones, las fábricas, las minas, el transporte público, los bancos y los servicios públicos que estaban en manos privadas de familias capitalistas de Estados Unidos y Cuba. Lograron defender su trayectoria frente a las agresiones militares y la guerra económica organizadas por la potencia imperial más brutal sobre la faz de la Tierra. Fueron estas acciones decisivas —realizadas primero por centenares, luego por miles y millones— las que permitieron las medidas que han tomado en las últimas cinco décadas para comenzar a edificar una sociedad sobre una base de clase distinta. Una sociedad no impulsada por las ciegas leyes perro-come-perro del capital, sino basada en la solidaridad social consciente del pueblo trabajador.

La solidaridad de clase —para citar solo un ejemplo especialmente pertinente al recuento en este libro— define el carácter de la atención primaria de salud y la enseñanza médica que unos 38 mil médicos, enfermeros, dentistas y técnicos de laboratorio preparados por la Revolución Cubana están llevando a las regiones más remotas e inaccesibles de unos 73 países del mundo, entre ellos Guinea Ecuatorial.

¿Cómo ha podido Cuba —con sus limitados recursos económicos, ante incesantes agresiones de Washington— crear un sistema médico reconocido a nivel mundial por su excelencia? ¿Cómo ha podido formar médicos y enfermeros que no solo están dispuestos sino deseosos de viajar a las regiones más aisladas del mundo para brindar servicios médicos? ¿Por qué no existe otro país en el mundo capaz de hacer algo parecido?

La respuesta la explicó con claridad inigualable Ernesto Che Guevara, el gran dirigente revolucionario argentino-cubano que luchó al lado de Fidel y Raúl Castro en la guerra revolucionaria y en los primeros años del nuevo gobierno. "Para ser médico revolucionario… lo primero que hay que tener es revolución", dijo Che a un público compuesto principalmente de estudiantes de medicina y trabajadores de la salud en 1960. Y hacer una revolución es exactamente lo que el pueblo trabajador cubano hizo.

Sus logros económicos, sociales y políticos desde entonces —desde la atención médica y educación hasta la ayuda brindada a combatientes libertarios por todo el mundo— han sido posibles únicamente porque les arrebataron el poder a los grandes terratenientes y capitalistas.

Una de las grandes ironías de la historia podría ser una coincidencia que nadie podía haber predicho. La victoria revolucionaria de mayor alcance en las Américas —que vive y avanza a pesar de todas las dificultades— celebra su 50 aniversario precisamente en momentos en que los dirigentes del imperio yanqui que se propuso destruirla están sumidos en la peor crisis económica y social que han enfrentado desde la que culminó en la Segunda Guerra Mundial.

∼

El equipo de reporteros que fue a Guinea Ecuatorial en 2005 estuvo integrado por Jonathan Silberman, director de Libros Pathfinder en Londres, y los reporteros del *Militante* Brian Taylor y Arrin Hawkins, además de Martín Koppel y yo. En 2008 los otros integrantes del equipo fueron los reporteros del *Militante* Omari Musa y Brian Taylor. Los artículos, notas y fotos recopilados en estas páginas fueron un esfuerzo colectivo, producidos en medio de sucesos que transcurrían rápidamente y bajo la presión de

FOTOS: DAVE WULP/MILITANT

Tras la visita a Guinea Ecuatorial en 2005, los integrantes del equipo de reporteros hablaron en eventos regionales en Atlanta, San Francisco, Minneapolis-St. Paul, Nueva York, Londres, Edimburgo y Estocolmo sobre sus experiencias en el viaje. A las actividades asistieron unas 500 personas.

FOTOS: Evento en la universidad de Spelman en Atlanta, Georgia, noviembre de 2005. **ARRIBA**: Moderador James Harris al podio. En la tribuna, desde la izquierda, miembros del equipo de reporteros Arrin Hawkins, Mary-Alice Waters, Brian Taylor y Martín Koppel.
ABAJO: Sarah Thompson, presidenta de la Asociación del Gobierno Estudiantil en Spelman, participa en debate desde el público de casi 100 personas.

fechas límite semanales o a menudo diarias. El producto final queda enriquecido por los esfuerzos, las observaciones y el entendimiento de todos.

A finales de 2005 y comienzos de 2006, los integrantes del primer equipo de reporteros también hicieron un recorrido para compartir sus experiencias en Guinea Ecuatorial con unas 500 personas en cinco eventos regionales grandes celebrados en Atlanta, San Francisco, Minneapolis-St. Paul, Nueva York, Londres, Edimburgo y Estocolmo. Estas fueron seguidas por unas cuantas actividades más pequeñas en recintos universitarios por todo Estados Unidos, muchas de ellas patrocinadas por grupos de estudiantes africanos y afro-americanos.

Estas experiencias nos subrayaron a todos el interés y la sed de aprender sobre las luchas y los avances de los pueblos de África que existe hoy día entre capas importantes de trabajadores y jóvenes en los países imperialistas.

~

Quisiéramos expresar nuestro especial aprecio a las decenas de ecuatoguineanos que dedicaron muchas horas para ayudarnos a entender mejor un país y una sociedad que a todos nos resultaba nueva. Si bien demasiado numerosos para mencionar en su totalidad, la ayuda paciente y hospitalidad generosa que nos brindaron hicieron que ambos viajes fueran posibles, fructíferos y enormemente gratos.

Primero y ante todo van las gracias al presidente Teodoro Obiang Nguema, quien dedicó tiempo para recibirnos y responder a numerosas preguntas sobre los planes de desarrollo del gobierno. Sus respuestas y explicaciones, que enriquecieron nuestro entendimiento, están intercaladas en todos los artículos aquí incluidos.

El ministro de información, cultura y turismo Jerónimo Osa Osa Ekoro no escatimó esfuerzos para gestionar no solo la entrevista al presidente Obiang, sino nuestras visitas a zonas importantes del país como el nuevo aeropuerto internacional en Mongomeyen y el sitio en el río Wele donde se va a construir la presa hidroeléctrica.

El rector Carlos Nse Nsuga y los vicerrectores Trinidad Morgades y Pedro Ndong Asumu, junto a todo el claustro de la Universidad Nacional del Guinea Ecuatorial, nos acogieron en ambas visitas y nos invitaron a acompañarlos en muchas actividades.

La poetisa y ensayista Carmela Oyono Ayíngono y el historiador Rosendo-Ela Nsue Mibui ofrecieron generosamente su tiempo y su entendimiento de la historia.

El embajador de Cuba en Guinea Ecuatorial Víctor Dreke y la primera secretaria Ana Morales, miembros del personal de la embajada y numerosos voluntarios internacionalistas cubanos que viven y trabajan en Guinea Ecuatorial compartieron sus conocimientos, su solidaridad y muchas horas de trabajo y recorridos con nosotros en ambas ocasiones.

Con todas las limitaciones, los errores o los malentendidos que el libro pueda contener, confiamos que nuestros amigos y colegas en Guinea Ecuatorial sabrán reírse de nuestra ignorancia y nos ayudarán a corregirlos. Nuestra única intención ha sido producir un libro —en Estados Unidos y otros países imperialistas en particular— con el cual los trabajadores y jóvenes a quienes les repugnan las brutalidades e indignidades diarias del capitalismo pudieran entender, de manera viva, los elementos del presente y del futuro que alcanzamos a ver en Guinea Ecuatorial.

Mary-Alice Waters
Enero de 2009

PRIMERA PARTE

Datos

África

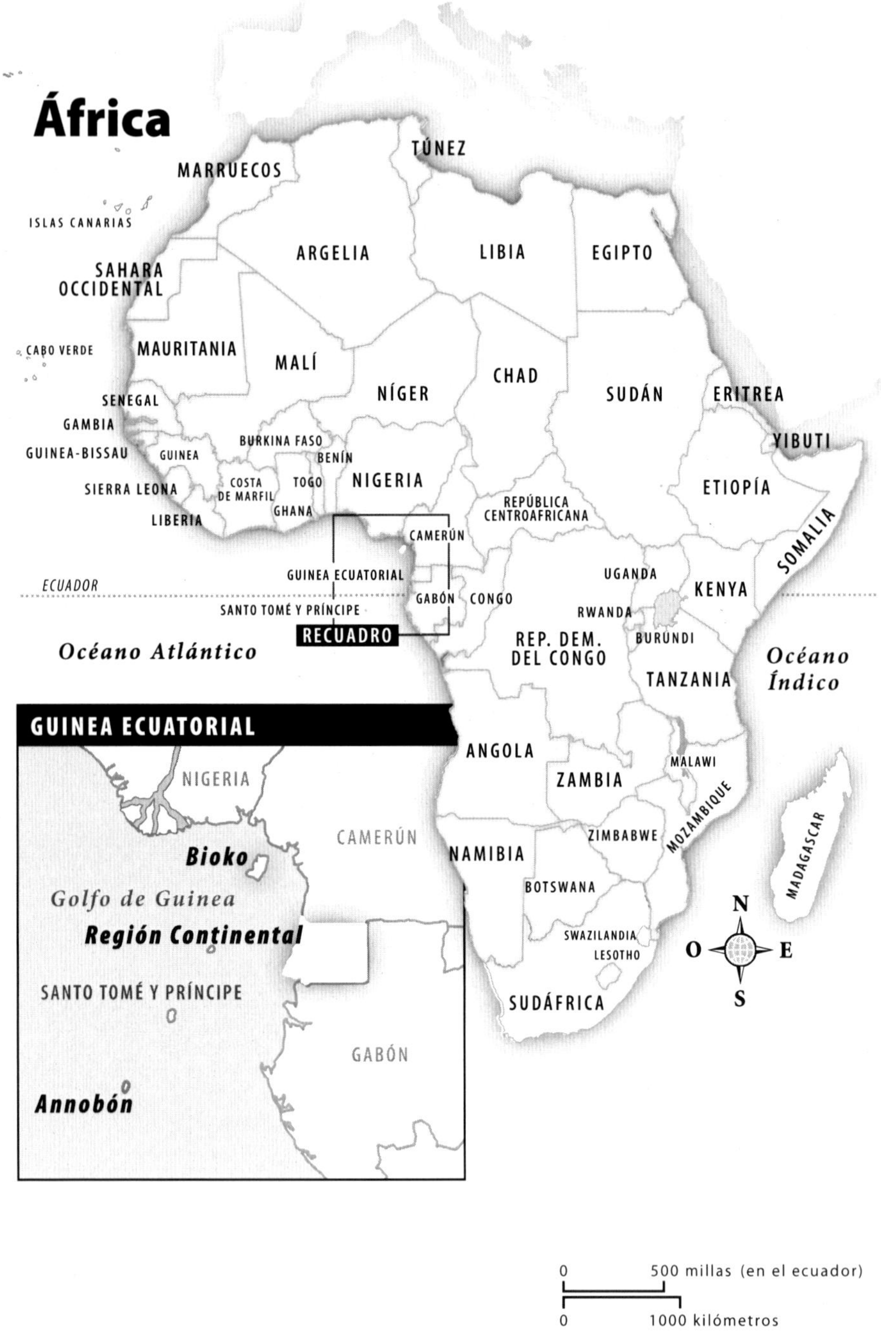
MARRUECOS
TÚNEZ
ISLAS CANARIAS
ARGELIA
LIBIA
EGIPTO
SAHARA OCCIDENTAL
CABO VERDE
MAURITANIA
MALÍ
CHAD
NÍGER
SUDÁN
ERITREA
SENEGAL
GAMBIA
GUINEA-BISSAU
GUINEA
BURKINA FASO
BENÍN
YIBUTI
SIERRA LEONA
COSTA DE MARFIL
TOGO
NIGERIA
ETIOPÍA
GHANA
LIBERIA
REPÚBLICA CENTROAFRICANA
CAMERÚN
SOMALIA
GUINEA ECUATORIAL
UGANDA
ECUADOR
GABÓN
CONGO
RWANDA
KENYA
SANTO TOMÉ Y PRÍNCIPE
RECUADRO
REP. DEM. DEL CONGO
BURUNDI
Océano Atlántico
TANZANIA
Océano Índico
GUINEA ECUATORIAL
NIGERIA
ANGOLA
MALAWI
ZAMBIA
MOZAMBIQUE
CAMERÚN
ZIMBABWE
MADAGASCAR
Bioko
NAMIBIA
Golfo de Guinea
BOTSWANA
N
Región Continental
SWAZILANDIA
O
E
LESOTHO
SANTO TOMÉ Y PRÍNCIPE
SUDÁFRICA
S
GABÓN
Annobón
0
500 millas (en el ecuador)
0
1000 kilómetros

Datos sobre Guinea Ecuatorial

BATA—Guinea Ecuatorial tiene una población aproximada de un millón de habitantes. Tanto geográfica como numéricamente es uno de los países más pequeños de África. Está constituido por la Región Continental (antes denominada Río Muni), la isla de Bioko —donde está la capital, Malabo— y varias islas más pequeñas en el Golfo de Guinea. Los lazos de tribu, clan e idioma ignoran las fronteras que esta antigua colonia española comparte con Camerún y Gabón, países antes colonizados por Francia.

Los idiomas de la vida cotidiana para la gran mayoría son el fang (86 por ciento), el bubi (6.5 por ciento) y otros idiomas autóctonos.

En el país se hablan dos dialectos fundamentales del fang. En Bioko muchos hablan bubi, mientras que el pidgin English (pichinglis) lo habla una minoría, los fernandinos, descendientes de esclavos y de trabajadores a contrato traídos a la isla por los británicos desde la región que hoy día es Sierra Leona. En la región costera del continente se habla ndowe (3.6 por ciento) y otros idiomas. Los habitantes de la isla de Annobón hablan annobonés (1.6 por ciento), que se deriva parcialmente del portugués.

La mayoría de los guineanos en las zonas urbanas también habla español, el idioma en el cual se imparte la enseñanza. Algunos también hablan francés. El español y el francés son los dos idiomas oficiales para los asuntos estatales y fines legales.

La isla de Bioko (por mucho tiempo llamada Fernando Poo, nombre de su "descubridor" portugués) fue una escala para la trata de esclavos desde el siglo XVII hasta principios del siglo XIX. Los puertos de lo que hoy es Guinea Ecuatorial estuvieron en distintos momentos bajo el dominio portugués, español, británico u holandés. Cuando las potencias europeas se repartieron África en 1885 en la Conferencia de Berlín, esta región —designada Guinea Española— pasó a ser la única parte del continente al sur del Sahara que era "propiedad" de España.

Los bubis y los fang opusieron mucha resistencia a los traficantes europeos de esclavos y a los reclamos de los colonizadores. No fue sino hasta 1926 que Madrid tomó pleno control del territorio continental.

Desde 1939 hasta 1968, Guinea Española estuvo bajo la dictadura del fascista clerical Francisco Franco, cuyo régimen en España duró hasta su muerte en 1975. Los colonizadores españoles mantuvieron la zona aislada del resto del mundo y trajeron muy poca actividad mercantil más allá de la explotación maderera dominada por los españoles y el cultivo de cacao y de café, casi todo para la exportación. Los guineanos se vieron privados de derechos fundamentales. A la mayoría los calificaban como el equivalente jurídico de menores de edad —bajo la tutela del estado colonial— sin derechos de adquirir o vender propiedad, pactar convenios o controlar sus propios sala-

Ceremonia en Bata, 12 de octubre de 1968, que celebró la independencia de Guinea Ecuatorial de España, y el fin de casi 500 años de dominación colonial por gobernantes portugueses, holandeses, británicos y españoles.

rios. Se los sometía a trabajos forzados. Guinea Ecuatorial logró su independencia de España en 1968. El primer gobierno guineano, encabezado por el presidente Francisco Macías Nguema, se convirtió en un reino de terror que duró 11 años. Se proclamó presidente vitalicio y a veces hasta se calificaba de "socialista". Macías encubrió su represión, al estilo de Pol Pot, con demagogia antiespañola, anticlerical y anti-"blancos".

Se clausuraron iglesias y escuelas, y todo guineano —especialmente el que no fuera fang— que tuviera siquiera unos pocos años de educación fue víctima especial de la represión. Muchos fueron encarcelados, torturados o ejecutados. Decenas de miles de guineanos huyeron al exilio. En un país que, tras siglos de dominación colonial e imperialista, ya era uno de los más superexplotados de África, se desplomaron hasta el más mínimo comercio y la producción agrícola para el mercado.

"Durante la dictadura, muchos perdieron la esperanza y hasta pensaban que el pasado colonial había sido mejor", señaló el presidente Teodoro Obiang Nguema en un discurso aquí en Bata el 5 de agosto de 2008.

El 3 de agosto de 1979, Macías fue derrocado en un golpe de estado efectuado por jóvenes oficiales guineanos encabezados por Obiang. La mayoría de los ecuatoguineanos conmemoran esa fecha como el comienzo de las gestiones para iniciar el desarrollo moderno del país.

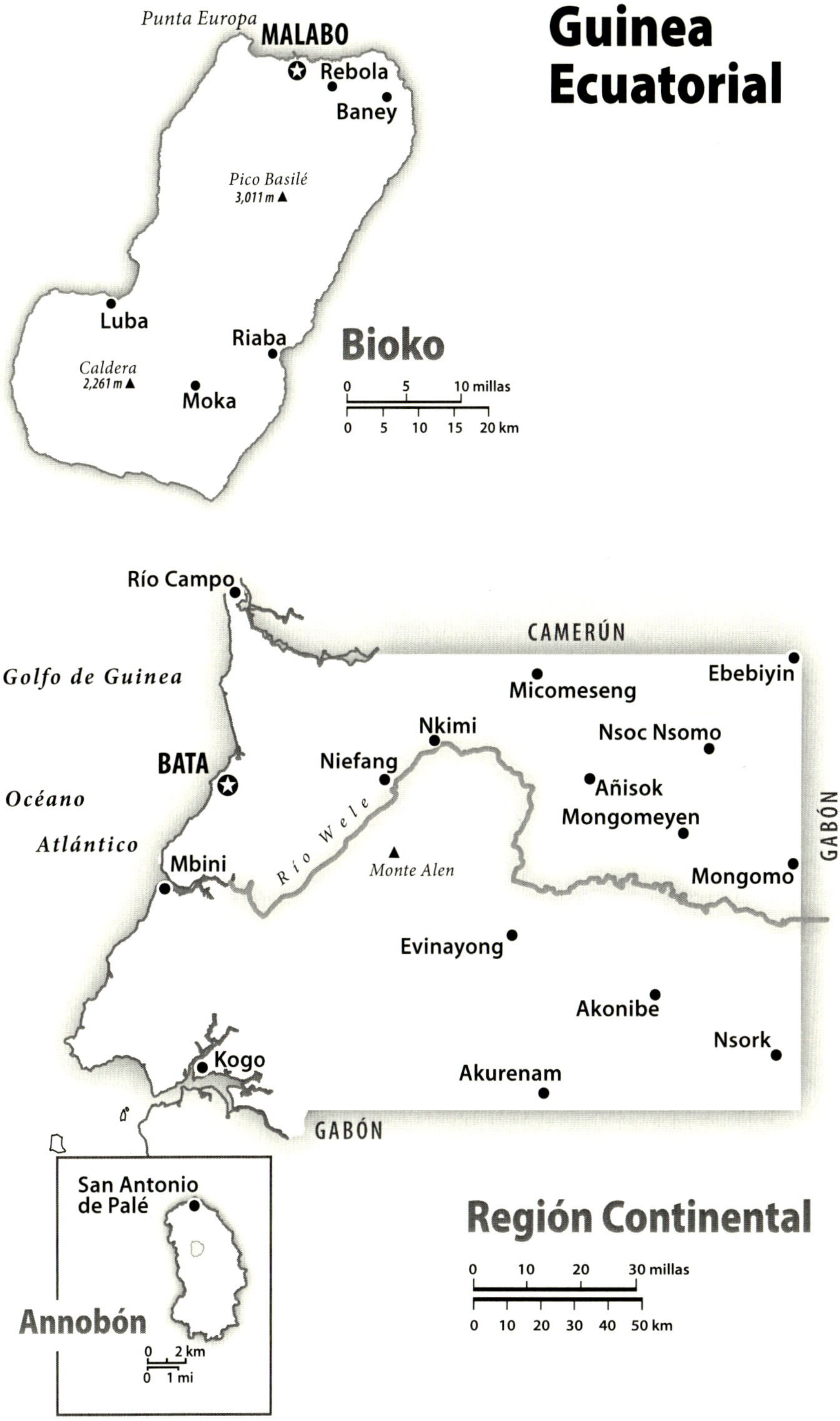

Guinea Ecuatorial

Bioko

Punta Europa
MALABO
Rebola
Baney
Pico Basilé 3,011 m ▲
Luba
Riaba
Caldera 2,261 m ▲
Moka

0   5   10 millas
0 5 10 15 20 km

Región Continental

Río Campo
CAMERÚN
Golfo de Guinea
Micomeseng
Ebebiyin
Nkimi
Nsoc Nsomo
BATA
Niefang
Añisok
Océano Atlántico
Río Wele
Mongomeyen
Mbini
Monte Alen ▲
Mongomo
GABÓN
Evinayong
Akonibe
Nsork
Kogo
Akurenam
GABÓN

0   10   20   30 millas
0 10 20 30 40 50 km

Annobón

San Antonio de Palé

0 2 km
0 1 mi

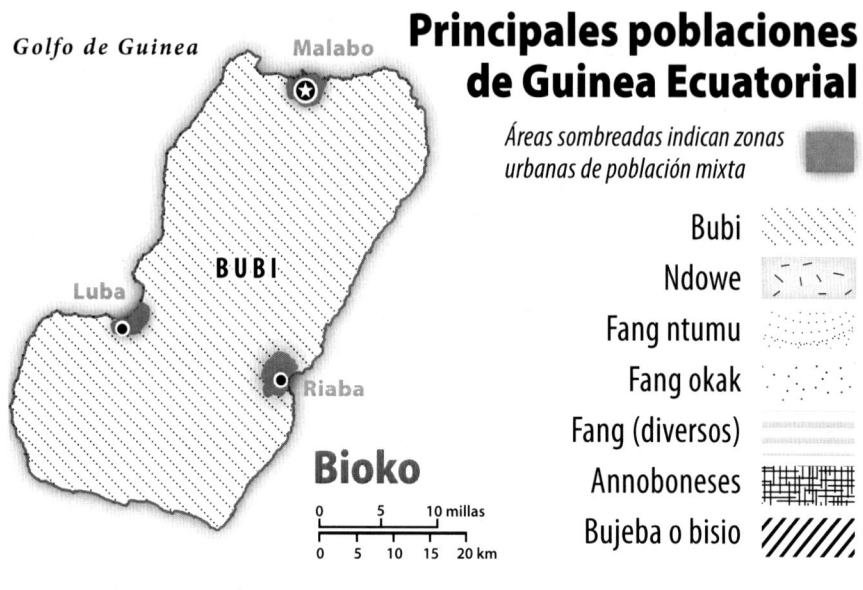

Principales poblaciones de Guinea Ecuatorial

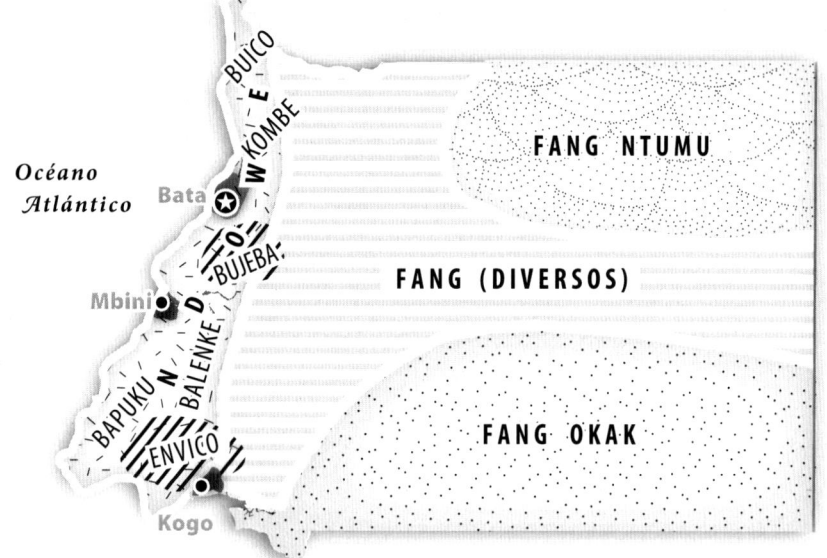

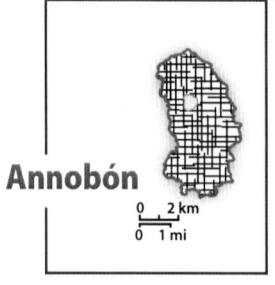

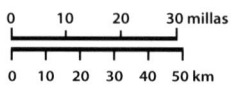

SEGUNDA PARTE

La transformación de la producción y de las relaciones de clases

En los años 90 se descubrieron vastas reservas de petróleo y gas natural en las aguas de Guinea Ecuatorial. Empresas petroleras estadounidenses establecieron convenios con el gobierno para explotar estos recursos, resultando en un cambio rápido e importante en la infraestructura económica y las relaciones de clases. El petróleo no tiene por qué ser "una maldición", dijo el presidente Teodoro Obiang Nguema. Puede ser "una bendición" si se utiliza para desarrollar la infraestructura del país y sentar las bases para expandir la agricultura y la industria.

ARRIBA: Construcción de instalaciones portuarias, para servir a la industria petrolera de África Occidental y Central en bahía de agua profunda en Luba, 2005. **ABAJO IZQUIERDA:** Carreteras pavimentadas están siendo extendidas por toda Guinea Ecuatorial, incluso en regiones nunca antes accesibles por auto o camión. **ABAJO DERECHA:** El presidente Obiang durante entrevista con los autores, 7 de agosto de 2008.

La transformación de la producción y de las relaciones de clases resalta las realidades que enfrentan millones en África

por Martín Koppel

BATA, Guinea Ecuatorial—"Parte de la prensa internacional dice que el petróleo es una maldición" para un país como Guinea Ecuatorial, dijo el presidente de este país centroafricano, Teodoro Obiang Nguema. "La maldición sería el mal uso de ese recurso". Si se usa para desarrollar la infraestructura económica del país y sentar los cimientos de la expansión de la agricultura y la industria, apuntó, puede ser "una bendición".

Obiang respondía a una pregunta formulada por Mary-Alice Waters, presidenta de la editorial Pathfinder, durante una entrevista realizada el 7 de agosto de 2008 que fue parte de un recorrido de dos semanas por Guinea Ecuatorial.

Partidarios de la editorial Pathfinder, con sede en Nueva York, habían regresado a este país para darle seguimiento a una visita inicial tres años antes, cuando participaron en la primera feria del libro en el país, celebrada en octubre

---

Publicado en el Militante, *15 de septiembre de 2008.*

de 2005 en la Universidad Nacional de Guinea Ecuatorial, en la capital Malabo. Acogieron la oportunidad de aprender más sobre los rápidos cambios económicos y sociales en esta nación, devastada durante tanto tiempo por las potencias capitalistas dominantes del mundo, y para ayudar a ampliar el conocimiento entre el pueblo trabajador en Estados Unidos y otros países imperialistas sobre la lucha que libran hoy día los pueblos de África.

Legado de superexplotación

Guinea Ecuatorial, antigua colonia de España, es uno de los países más pequeños de África, tanto geográfica como numéricamente. Hasta hace una década y media, también "ocupaba el último puesto de los más pobres", según lo calificó el presidente Obiang: era una de las regiones menos desarrolladas económicamente del continente. Existían pocos caminos asfaltados, la electrificación era mayormente un sueño, prácticamente no había industrias —ni siquiera industrias ligeras— y el cultivo de la tierra consistía en agricultura de subsistencia. No existía una estructura burguesa de clases moderna: una clase ascendente de comerciantes que toman riesgos, dueños de fábrica y terratenientes; no había ni trabajadores asalariados ni campesinado. El legado de siglos de dominación colonial e imperialista aumentaba al máximo las trabas y grandes disparidades en las relaciones sociales y la estructura económica.

A mediados de los años 90, se descubrieron enormes reservas de petróleo y de gas natural a gran profundidad debajo de las aguas del Golfo de Guinea. Esto aumentó la capacidad de expandir considerablemente la producción y el comercio, y a la vez ahondó las contradicciones económicas y sociales.

Hoy día, al llegar por vía aérea al aeropuerto internacional de Malabo, se divisan las plataformas petroleras de la ExxonMobil y de otras empresas que salpican el mar. La planta de gas natural licuificado de la Marathon ilumina el cielo en Punta Europa, centro de las operaciones de las compañías petroleras norteamericanas en Guinea Ecuatorial.

En el espacio de unos pocos años, una de las industrias más intensivas en capital, de tecnología más compleja y más monopolizadas del mundo se ha superpuesto en una base en que la actual productividad del trabajo es producto de milenios de caza, de pesca y de agricultura de subsistencia, deformada por siglos de trata de esclavos y dominación colonial.

De noche las luces resplandecientes de Punta Europa se pueden ver al otro lado de la bahía donde viven decenas de miles de personas en Malabo que aún carecen de agua potable, de un sistema sanitario moderno, de calles asfaltadas y de servicio eléctrico que sea confiable y no esporádico.

Al regresar a Guinea Ecuatorial tras unos años, nos llamaron la atención cuatro fenómenos ante todo: los cambios en las relaciones de clases y la composición de la clase trabajadora en este país, adonde se ven atraídos trabajadores de todo el mundo, los recursos que se dedican al desarrollo de la infraestructura económica, la ampliación del sistema de educación superior, y la expansión de estos fenómenos a todas partes del país.

Estos cambios y las contradicciones que engendran —revolucionando las condiciones de vida para muchos— subrayan realidades que enfrentan millones de personas en muchas partes de África en la actualidad.

También ayudan a explicar por qué Guinea Ecuatorial no carece de enemigos. El país apareció recientemente en los titulares de la prensa mundial cuando el mercenario

británico Simon Mann fue sentenciado aquí a 34 años de prisión por su papel confeso en la organización de un golpe fallido, en el cual también está implicado Mark Thatcher, hijo de la ex primer ministra británica Margaret Thatcher. Los conspiradores, armados y financiados por intereses ultramarinos que pretendían controlar y hacerse ricos del petróleo de Guinea Ecuatorial, se proponían instalar como figura decorativa en el gobierno a Severo Moto, un oposicionista burgués guineano que ahora vive en España.
Al hablar ante la prensa en la víspera del juicio contra Mann, Obiang dijo que tenía "fuertes sospechas" de que agencias estatales en Gran Bretaña, España y Estados Unidos estaban plenamente conscientes del golpe que se planeaba y no hicieron nada para detenerlo o para alertar al gobierno de Guinea Ecuatorial.

Estructura de clases cambiante

Guinea Ecuatorial sigue siendo un país que prácticamente no tiene industria manufacturera. Hay una fábrica de cerveza, una planta embotelladora de agua y una fábrica de cemento plagada de escaseces de materias primas importadas. Los talleres de muebles y las operaciones aserraderas que producen madera para la construcción no son más que operaciones artesanales en pequeña escala. Dado que la tierra cultivada más allá de la agricultura de subsistencia es casi inexistente, y que más de la mitad de la población ahora vive en centros urbanos, casi todos los alimentos se importan de Camerún, España y otros países. Los costos del transporte magnifican el impacto de los crecientes precios mundiales de alimentos. El pollo que comimos un día venía de Brasil. Los huevos eran de Camerún.
Los habitantes de las zonas rurales, que mayormente aún

se encuentran fuera del mercado, obtienen sus alimentos cazando pequeños animales del bosque, o de la pesca, y de los plátanos, la cassava, la malanga y otras viandas que crecen fácilmente en parcelitas de tierra desmontada a la orilla del bosque. La mayoría de estos alimentos se consumen directamente, no se compran o venden. A lo largo de los caminos rurales y en los extensos mercados urbanos, mucha gente, para subsistir, vende pequeñas cantidades de productos alimenticios que les quedan y otros artículos.

Al mismo tiempo, en menos de 15 años, la explotación del petróleo y del gas natural ha convertido a Guinea Ecuatorial en el tercer país exportador de petróleo en África subsahariana, después de Nigeria y Angola. "Son las compañías norteamericanas como ExxonMobil, Marathon y Hess las que extraen el petróleo", señaló Obiang en la entrevista. La Marathon también tiene las plantas de gas natural licuificado y de metanol. En años recientes, dijo, "otras empresas han firmado acuerdos con [la empresa estatal] Gepetrol: compañías malasianas, sudafricanas, algunas nigerianas", para proyectos mixtos de exploración y desarrollo. China es el mayor comprador de petróleo del país.

La explotación de los recursos petroleros de Guinea Ecuatorial ha acelerado el desarrollo aquí de una estructura moderna de clases en las zonas urbanas. Si bien los lazos de tribu y de clan aún dominan las relaciones sociales en el campo, estas formaciones pre-clase se disuelven más y más a medida que van penetrando el mercado mundial y las relaciones capitalistas de producción.

Como ha sucedido en otras partes del mundo en los últimos cinco siglos, hoy día la acumulación de capitales está consolidando una clase capitalista en Guinea Ecuatorial, la cual está adquiriendo más y más tierras privadas, hoteles, empresas de construcción, transporte y otros negocios. Mediante la compra y explotación de la fuerza de trabajo, esta clase ascendente está extrayendo plusvalía y aumentando su riqueza.

Hay números crecientes de pequeños mercaderes, comerciantes, abogados y otras capas pequeñoburguesas. Atraídos por el boom petrolero, estos incluyen un número cada vez mayor que proviene de África Occidental, del Medio Oriente, de China y de otras regiones del mundo. En Guinea Ecuatorial también está naciendo una clase de trabajadores asalariados. Como señaló el Manifiesto Comunista hace más de 150 años, al referirse a Europa y Norteamérica, "En la misma proporción en que se desarrolla la burguesía, es decir, el capital, se desarrolla también el proletariado, la clase obrera moderna: una clase de trabajadores que solo pueden vivir siempre y cuando encuentren trabajo y que solo encuentran trabajo siempre y cuando su trabajo acreciente el capital".[1]

La expansión capitalista atrae e incorpora inexorablemente a regiones crecientes del mundo, señalaron Carlos Marx y Federico Engels. Hoy día el capital está ejerciendo su poder de atracción sobre Guinea Ecuatorial. Un número creciente de guineanos están convirtiéndose por primera vez en trabajadores asalariados, especialmente como trabajadores en la construcción de caminos y otras obras. Casi la mitad de la población vive en Bata y Malabo, que se ven engrosados por la creciente migración de trabajadores rurales en busca de empleos.

La demanda de mano de obra también ha propiciado una gran ola de trabajadores provenientes del exterior, especialmente de otras partes de África Central y Occidental: Camerún, Gabón, Burkina Faso, Malí y Nigeria, entre

---

1. Carlos Marx y Federico Engels, *El manifiesto comunista* (Nueva York: Pathfinder, 2008), pág. 39.

otros. También han llegado trabajadores de Paraguay, República Dominicana y otras partes de Latinoamérica para trabajar en hoteles, restaurantes y otros empleos. En todas las obras de construcción que visitamos, la mayoría de los trabajadores especializados y técnicos eran oriundos de países africanos de habla francesa o trabajadores por contrato de China, África del Norte, Líbano, Irán u otros países.

Como dijo Obiang en un discurso el 5 de agosto de 2008 ante un público que contaba con muchos constructores guineanos, "Antes Guinea Ecuatorial era un país despreciado". Ahora, dijo, "muchos vienen aquí en busca de la prosperidad. Tenemos más emigrantes que otros países de África. Son como las abejas que vienen a probar nuestra miel".

El crecimiento de la clase trabajadora y su carácter más y más internacional —a medida que los trabajadores traen sus habilidades y experiencias de otras partes del mundo— ha aumentado el orgullo y la confianza del pueblo trabajador aquí. Está ampliando sus horizontes.

Lo que un sistema de caminos propicia

Durante nuestro viaje oímos a muchos ecuatoguineanos, desde estudiantes hasta funcionarios del gobierno, expresar su inquietud de que los recursos de la bonanza petrolera, iniciada hace más de una década, se aproveche para sentar las bases de una producción expandida que pueda sostener al pueblo de Guinea Ecuatorial en el futuro, independientemente de los altibajos del mercado mundial.

El objetivo de las inversiones en la infraestructura básica del país es beneficiar al guineano común, apuntó Obiang, y fomentar el desarrollo de empresas capitalistas. "Queremos que las pequeñas empresas guineanas se hagan grandes", dijo.

En las más de 10 ciudades, pueblos y zonas rurales que visitamos a través de Guinea Ecuatorial —desde Bata y Malabo, las mayores ciudades, hasta Ebebiyin, Mongomo, Evinayong, Añisok, Niefang, Mbini y Kogo en la Región Continental, así como Luba en la isla de Bioko— había muestras de que se están dedicando importantes recursos a la construcción o al mejoramiento de los caminos, el servicio eléctrico, torres de transmisión de teléfonos celulares, hospitales, instalaciones portuarias modernas de agua profunda, aeropuertos y escuelas. Estos y otros proyectos están impactando el nivel de vida de un número creciente de guineanos. Están aumentando sus expectativas.

El cambio más visible desde hace tres años es la extensa construcción y pavimentación de los caminos. Largos tramos que conectan los principales pueblos y ciudades, de los cuales muchas millas antes eran terraplenes que se volvían infranqueables en la temporada lluviosa, ya han sido asfaltados. Muchas millas más, que en muchos casos pasan por terreno montañoso dificultoso, están en distintas fases de construcción. La mayor parte de ese trabajo se ha contratado a empresas capitalistas de Egipto, Francia, China y otros países.

Para cientos de miles de personas, especialmente en las zonas rurales, el mejoramiento del sistema de caminos significa más movilidad y acceso más fácil a los centros de salud, las escuelas, los mercados y los empleos.

"Antes tardaba un día entero viajar los 200 kilómetros [125 millas] de mi ciudad natal hasta Bata", dijo Antonio Nsue Nsue Ada, director de la publicación universitaria *Horizontes* y oriundo de Ebebiyin en el noreste. "Ahora tarda tres horas".

Viajamos al pueblo sudoccidental de Kogo para visitar un hospital donde trabaja una brigada médica voluntaria de cubanos. Hace apenas unos años, según los médicos cubanos que nos acompañaron, los viajeros tenían que ir por vía marítima, sobre todo en canoa. Nuestro viaje de 30 millas en camioneta a lo largo de la costa desde Mbini, sobre lo que antes había sido poco más que un sendero, tardó más de dos horas por un terraplén agreste que aún está bajo construcción. Y el viaje se acortará cuando se haya asfaltado el camino.

En los tiempos coloniales, la isla remota de Annobón era el lugar adonde enviaban a los esclavos que eran demasiado viejos o enfermos para trabajar; posteriormente fue un lugar de exilio forzoso para independentistas. Hasta hace poco, los viajes a Annobón eran infrecuentes, peligrosos y llevaban mucho tiempo. "Solo se podía viajar en barco cada tres meses", apuntó Obiang. "Ahora hay un aeropuerto en Annobón, con dos vuelos por semana".

Se están mejorando los aeropuertos en Malabo y en Bata, y en Mongomeyen, cerca de Mongomo, se está construyendo un nuevo aeropuerto internacional, con una pista capaz de recibir los más grandes aviones de pasajeros y de carga. Además se están agrandando los puertos de agua profunda en Bata, Malabo y Luba para facilitar un mayor crecimiento de la industria petrolera y desarrollar el comercio internacional entre Guinea Ecuatorial y la región más amplia. "El puerto de Malabo", dijo Obiang, "va a ser el más grande y de mayor calado en toda África Occidental".

Electrificación: un gran desafío

En la mayor parte de África subsahariana, menos del 5 por ciento de la población rural tiene acceso a la electricidad, y Guinea Ecuatorial no es excepción alguna.

"La electrificación es una precondición elemental si han de desarrollarse la industria moderna y la vida cultural", apunta Jack Barnes en "Nuestra política empieza con el

ARRIBA: Djibloho, sitio en el río Wele donde se construye una central hidroeléctrica para brindar energía a toda la Guinea Ecuatorial continental y a zonas vecinas de Camerún y Gabón. El reportero Omari Musa está abajo a la izquierda.

ABAJO: En un país con poco más que agricultura de subsistencia, se importa la mayor parte de los alimentos vendidos en el mercado, incluso en puestos como estos en Bata.

mundo", artículo principal del número 13 de la revista *Nueva Internacional*. La electrificación significa poder tener "la opción de prolongar el uso del día. Poder decidir si suspender o no una reunión porque estaba oscureciendo. Tener la posibilidad de estudiar y trabajar cómodamente después de anochecer. Que los niños puedan hacer sus tareas escolares o leer unos a otros por la noche. Simplemente bombear agua a una aldea tras otra, ahorrándole a cada familia incontables horas de trabajo matador, especialmente a las mujeres y las jóvenes".

En Guinea Ecuatorial, la realidad de este desafío y su importancia se hace evidente al conducir por el campo de noche, aún por los caminos principales. De cada grupo de casas, muchas están oscuras, y en otras brilla una sola bombilla o una lámpara de kerosén.

No hay servicio eléctrico nacional; cada ciudad y pueblo depende de su propio generador. En la mayoría de los pueblos, solo hay electricidad cinco horas al día, de las 6:00 a las 11:00 de la noche, y aún así muchos hogares no están conectados a una fuente de electricidad.

Residentes locales nos dieron un ejemplo tras otro de lo que esto significa para la vida cotidiana. Muchos estudiantes no pueden hacer sus tareas de noche, o deben viajar a otra casa o a un centro donde haya luz. La comida no se puede refrigerar. De día no se pueden hacer operaciones quirúrgicas u otros procedimientos médicos en los hospitales, a menos que éstos tengan un generador de diesel que funcione para casos de urgencia, y muchos no lo tienen. Las computadoras, en caso de existir, no pueden usarse de día, y solo unas horas por las tardes.

En el pueblo de Añisok en la región norcentral, la doctora Amarilis Contreras, médico cubana que trabaja en el centro médico allí, nos dijo que "cuando no hay luz, usamos lámparas de kerosén o linternas para hacer nuestro trabajo. Esterilizamos los instrumentos con agua hirviente".

Hasta las capitales provinciales de Mongomo, Ebebiyin y Evinayong solo tienen 12 horas de electricidad al día, de las 6:00 de la tarde a las 6:00 de la mañana. Malabo y Bata ahora cuentan con generadores eléctricos las 24 horas al día, pero se ven afectados a menudo por apagones porque las redes de generación y distribución no pueden satisfacer la creciente demanda. Nosotros tuvimos experiencias directas con todas estas realidades más de una vez.

A lo largo de los caminos rurales, a menudo se ven mujeres que caminan largos trechos con enormes canastas llenas de leña en la espalda para la cocina y otras necesidades del hogar: un recuerdo más de lo vital que son la electrificación y el aumento de la productividad del trabajo para la emancipación de la mujer.

Uno de los proyectos de desarrollo de mayor prioridad es una central hidroeléctrica que se está construyendo en Djibloho, cerca de la capital distrital de Añisok. Aprovechará el caudal del río Wele, y se anticipa que suministrará electricidad a toda Guinea Ecuatorial continental así como algunas partes de Camerún y Gabón. Representará el paso más grande hacia la creación de una red eléctrica nacional.

Pedro Mba Obiang Abang, el delegado a la Asamblea Nacional por el distrito de Añisok, nos condujo al lugar donde se está construyendo la central hidroeléctrica, que debe completarse en cuatro o cinco años. El principal contratista, dijo, es una empresa china.

"El gobierno chino nos dio un préstamo de 2 mil millones de dólares para financiar el desarrollo de la electrificación, que incluye el proyecto hidroeléctrico", nos informó el presidente Obiang.

Una brigada voluntaria cubana de 26 técnicos de electricidad, que llegó recientemente, está trabajando con la empresa eléctrica estatal, SEGESA. En un encuentro en Bata el 31 de julio con varios miembros de la brigada, José Luis García Chaviano, jefe del grupo que trabaja en el continente, nos dijo que su trabajo consiste en formar a técnicos guineanos para reparar la infraestructura eléctrica y administrar el sistema de distribución. Al igual que en muchos países donde el pueblo trabajador carece de electricidad, no hay un control centralizado de su distribución, y en todas partes hay extensiones y conexiones improvisadas, acompañadas de problemas de seguridad, peligros de incendio y muertes accidentales por electrocución.

"El sistema eléctrico subterráneo aquí en Bata es de primer nivel, pero las empresas extranjeras que lo construyeron se fueron sin dejar los planos. Hicieron muy poca capacitación para el mantenimiento y la seguridad", dijo Ricardo García, uno de los técnicos eléctricos cubanos. "Estamos capacitando a técnicos para hacer el mejor mantenimiento, sin el cual el equipo se daña más y más".

"Nuestra prioridad es la seguridad y salud del hombre", recalcó Wilfredo Arbelo. "A todos les enseñamos los métodos seguros, desde los administradores hasta los trabajadores, incluso cosas tan fundamentales como usar cascos y guantes".

Expansión del sistema universitario

La expansión de la Universidad Nacional de Guinea Ecuatorial (UNGE) es otro cambio notable de los últimos tres años. La universidad se fundó en 1995, poco después de descubrirse el petróleo.

"No se puede tener desarrollo sin tener cuadros especializados", dijo Obiang. "Por eso tuvimos que crear la Universidad Nacional de Guinea Ecuatorial". Señaló que al principio mucha gente pensó que a Guinea Ecuatorial le resultaría inviable establecer su propia universidad. "Hoy tenemos más de 3 mil cuadros profesionales".

El 5 de agosto de 2008, otros 102 estudiantes se graduaron de la Universidad Nacional. Se recibieron en agronomía, magisterio, ciencias y letras, ingeniería, ciencias ambientales, medicina y otras especialidades. María Jesús Nkara, directora de asuntos académicos, informó que la universidad cuenta ahora con 2 275 estudiantes, el doble de lo que era hace tres años. Para aumentar la capacidad, se están construyendo dos nuevos recintos universitarios, uno en Malabo y uno en Bata.

Nkara destacó el hecho que el 42 por ciento del estudiantado universitario son mujeres. Ante los aplausos del público, ella agregó que era gratificante saber que un número pequeño pero creciente de egresados de la escuela de ingeniería técnica son mujeres y ahora trabajan para la compañía eléctrica, "y hacen las mismas labores que los hombres: andan en las escaleras, subiendo los postes".

Al dirigirse a los egresados, el presidente Obiang señaló que, al momento de la independencia hace 40 años, había menos de una decena de egresados universitarios en Guinea Ecuatorial. Trinidad Morgades, hoy vicerrectora de la UNGE en el recinto de Malabo, era la única con diploma universitario en ciencias y letras en esa época. Las personas que buscaban una educación universitaria tenían que ir a España o a otro país para estudiar, y muy pocos regresaban a Guinea Ecuatorial.

Era muy evidente que los estudiantes y los catedráticos estaban orgullosos al estar conscientes de esa historia y de lo que su graduación representaba para el futuro de su país.

"Tuvimos que hacer mucho esfuerzo en la facultad de medicina", dijo Tecla Mangue Mitogo, de 26 años, mientras esperaba que comenzara la ceremonia de graduación.

"Tuvimos que aprender a estudiar.

"Ahora me alegra que podré aportar a mi país como médico", dijo. "Estoy esperando a ver a qué ciudad me van a pedir que vaya a trabajar".

Los que se graduaron de maestros, ingenieros, agrónomos y otras carreras expresaron el mismo sentido de orgullo por lo que significaba su formación.

"De los 20 estudiantes que empezamos juntos en el curso de ingeniería de tecnología de petróleo, solo nos graduamos cuatro", nos dijo Marcos Esono Ndong. "Siete u ocho se salieron después del primer año, y otros seis el segundo año. El curso era demasiado difícil, y superar todos los obstáculos materiales era demasiado. Otros aprendieron lo suficiente para ser contratados por una de las grandes empresas petroleras internacionales y se fueron. Fuimos cuatro los que terminamos y que vamos a trabajar por el desarrollo de nuestro país".

Numerosos hospitales en toda Guinea Ecuatorial experimentan importantes labores de reconstrucción y ampliación. **ARRIBA:** Hospital Jesús Alfonso en Ebebiyin.
ABAJO: Trabajadores reconstruyen hospital en Evinayong.

Jóvenes médicos guineanos son clave para desarrollar un sistema de salud pública

por Martín Koppel y Mary-Alice Waters

BATA, Guinea Ecuatorial—"Es la primera vez que tenemos médicos trabajando en esta ciudad", dijo Antonio Oyono Esono, un funcionario de sanidad guineano, al hablar con visitas en el hospital público de Ebebiyin, una capital de distrito en el extremo nororiental de este país centroafricano.

Oyono señalaba que el sistema de salud pública en Guinea Ecuatorial se está desarrollando mediante el número creciente de médicos guineanos, egresados de la nueva facultad de medicina en esta ciudad, quienes hoy día están trabajando con personal médico cubano voluntario en ciudades y pueblos por todo el país.

Tuvimos la oportunidad de visitar hospitales y clínicas, y conversar con médicos, enfermeros y técnicos médicos en nueve regiones del país, aprendiendo así acerca de la expansión de los programas de salud pública.

Publicado en el Militante, *29 de septiembre de 2008.*

Legado del imperialismo en África

Guinea Ecuatorial comparte con el resto de África un legado de muchos siglos de dominación colonial e imperialista. Las condiciones de salud de los pueblos del continente son una notable expresión de esta historia.

Todos los años en África al sur del Sahara mueren millones de personas a causa de enfermedades prevenibles o curables. Más de 3 millones mueren anualmente de VIH/SIDA, tuberculosis o paludismo (malaria), según la Organización Mundial para la Salud (OMS). La pandemia de SIDA ha causado estragos especialmente en África austral: en Zimbabwe, por ejemplo, se calcula que un 20 por ciento de las mujeres entre las edades de 15 y 49 están infectadas con el VIH, y aproximadamente el mismo porcentaje en Sudáfrica.

Las enfermedades diarreicas —prevenibles con agua limpia y medidas higiénicas sencillas— son otra de las principales causas de muertes, sobre todo entre los bebés. Más del 40 por ciento de la población de África subsahariana no tiene acceso al agua limpia, según datos de la OMS, y sin duda la realidad es peor aún. La amplitud de los índices de desnutrición contribuye a los estragos de enfermedades a todas las edades.

De los 20 países del mundo con las mayores tasas de mortalidad materna, 19 están en África. Un 43 por ciento de los niños del mundo que mueren antes de llegar a los cinco años son africanos. Las tasas de mortalidad infantil ascienden a 165 por mil nacidos vivos en Sierra Leona y 154 en Angola, comparadas con la cifra promedio de 6.9 para Estados Unidos. La expectativa de vida al nacer, que alcanza 79 años en el Reino Unido, es de 45 años en Nigeria y 38 en Angola.

Guinea Ecuatorial, aunque no es el país con las peores condiciones en el continente, vive este mismo legado.

Hasta hace una década y media, apenas existían carreteras asfaltadas y servicio telefónico, ni hablar de acceso a los servicios médicos. Pocas personas fuera de las dos ciudades principales tenían acceso a la electricidad.

Durante los primeros años después de que Guinea Ecuatorial se independizara de España en 1968, el gobierno de Francisco Macías Nguema construyó varios hospitales en las principales ciudades provinciales. Pero lo que llegó a ser un reino de terror de 11 años bajo Macías condujo al deterioro de los hospitales y clínicas así como al éxodo de miles de médicos y otro personal médico calificado. Nunca habían existido instituciones de educación superior, y de los guineanos que lograban estudiar en el exterior, fuese medicina u otra especialidad, eran pocos los que regresaban al país.

Paludismo endémico en la región

Al igual que en muchas otras partes de África Central, hoy día el paludismo es endémico en Guinea Ecuatorial. La tifoidea, la tuberculosis y los parásitos intestinales también son muy comunes. El VIH/SIDA, si bien es menos severo que en otros países de África subsahariana, va en aumento. Solo el 28 por ciento de la población tiene acceso a servicios sanitarios, y hasta en las zonas urbanas el agua que se obtiene por los sistemas municipales de distribución es insalubre; primero debe hervirse o tratarse químicamente. Según *La Gaceta de Guinea Ecuatorial*, una revista ampliamente difundida en el país, la expectativa de vida al nacer es de 54 años.

Desde mediados de los años 90, cuando se descubrieron importantes reservas de petróleo bajo la plataforma continental y las aguas territoriales que rodean Guinea Ecuatorial, el gobierno ha empleado recursos considerables, derivados mayormente de los ingresos de la producción petrolera, para desarrollar la infraestructura del país. Uno de los objetivos ha sido el mejoramiento del sistema de salud.

En 2000 se estableció un amplio programa de cooperación médica entre los gobiernos de Guinea Ecuatorial y Cuba. Entre otras cosas, Cuba acordó enviar brigadas médicas para trabajar en hospitales y centros de salud por toda Guinea Ecuatorial. Actualmente 160 médicos, enfermeros y técnicos de laboratorio trabajan en los 18 distritos del país, incluyendo las zonas más remotas. Las brigadas, cuyo tamaño varía desde dos —un médico y un enfermero— hasta siete, viven en las comunidades donde trabajan, compartiendo las condiciones de vida de la población.

El acuerdo de cooperación también comprendía el establecimiento de una facultad de medicina, aquí en Bata, la ciudad más grande, como facultad profesional que forma parte de la universidad nacional. Su propósito es capacitar a cientos de médicos y enfermeros guineanos para remplazar progresivamente al personal médico cubano que proporciona casi toda la atención médica primaria.

Médicos guineanos hoy dirigen hospitales

Desde agosto de 2006, cuando se dio la primera graduación de 73 estudiantes en la facultad de medicina, decenas de galenos guineanos han empezado a trabajar en centros de salud por todo el país al lado de los médicos, enfermeros y técnicos cubanos. Sus esfuerzos combinados están teniendo un impacto visible.

El director técnico (médico) de todos los hospitales públicos que visitamos era un médico guineano recientemente egresado, y nos dijeron que también era así en otros distritos. Se notaba su confianza, y su sólida formación médica está comenzando a transformar las relaciones en las comunidades de una manera que ellos describieron con optimismo.

En Evinayong, una capital provincial de 36 mil habitantes en la región sur-central, el director médico del hospital es Santiago Nguema Ndong, oriundo de esa ciudad. Lo habíamos conocido en una visita anterior en octubre de 2005, cuando él y otros 19 compañeros de clase estaban a punto de partir hacia Cuba para su último año de estudios médicos.

"El paludismo es el principal problema de salud que tenemos", nos dijo Nguema. "Es la causa principal de la mortalidad infantil". En las zonas donde las brigadas médicas han estado trabajando durante los últimos ocho años, informaron Nguema y otros, se ha empezado a reducir el número de muertes infantiles, gracias al tratamiento oportuno de un mayor número de pacientes y a los esfuerzos preventivos.

Sin embargo, en muchos casos las estadísticas sobre estas cuestiones no son fiables en gran parte de África subsahariana. Es otro de los desafíos que el personal de los hospitales de distrito está empezando a encarar, al documentar historiales y empezar a recopilar cifras más exactas.

Según las estadísticas de la OMS para 2006 —las más recientes— la tasa de mortalidad infantil general de Guinea Ecuatorial era de 123 por cada mil nacidos vivos. Sin embargo, la documentación recopilada por las brigadas médicas indica que en 2002 el promedio para los bebés atendidos en los hospitales y las clínicas donde trabajan las brigadas era de 47 por cada mil nacidos vivos. Para el año 2007 esa cifra se había reducido a 16.5 por cada mil nacidos vivos. En el territorio atendido por la brigada médica en Evinayong, la mortalidad infantil era de 35 por cada mil nacidos vivos en el primer semestre del año.

María Elena Núñez, una enfermera que trabaja en Evinayong, informó que en el último año y medio se había registrado solo una muerte materna en ese hospital. Esto es un logro importante en un país donde, según los cálculos de la OMS, hay 880 muertes maternas por cada 100 mil nacidos vivos.

Impacto de falta de electricidad

La preponderancia de muchas enfermedades que hace tiempo fueron erradicadas en los países capitalistas avanzados se debe principalmente a la falta de infraestructura para proveer agua potable limpia, un sistema sanitario o la erradicación de insectos portadores de enfermedades. La falta de electricidad, de medios confiables de comunicación y de caminos transitables multiplica las dificultades.

Fuera de las dos principales ciudades, Malabo y Bata, en la mayoría de los pueblos solo hay electricidad unas pocas horas al día. En las capitales provinciales más grandes —Ebebiyin, Mongomo y Evinayong— los generadores, cuando están funcionando, suministran electricidad 12 horas diarias, de las 6:00 de la tarde a las 6:00 de la mañana. En otros pueblos hay electricidad, en el mejor de los casos, unas cinco horas, de las 6:00 a las 11:00 de la noche. Según nos explicó el personal médico en Ebebiyin, esto significa que los médicos no pueden practicar ni siquiera operaciones de urgencia durante el día, a menos que tengan un generador diesel que funcione, lo cual no es el caso en muchos hospitales.

"Cuando hay que extraerle sangre a un paciente de noche para un ensayo, es difícil hasta encontrar la vena cuando solo tienes una linterna o una lámpara de kerosén", nos dijo la doctora Amarilis Contreras durante nuestra visita a Añisok, un pueblo en el norte central.

En el hospital de Niefang, los médicos nos mostraron

una flamante incubadora para bebés prematuros que hace tiempo había donado la ExxonMobil, una de las principales empresas norteamericanas que explota las reservas de petróleo en Guinea Ecuatorial. El aparato todavía estaba envuelto en el plástico protector. Sin servicio eléctrico fiable las 24 horas, era inservible, nos explicó la responsable de la unidad pediátrica. Y la ExxonMobil no donó ni un generador ni el combustible necesario para que funcione.

Según se explicó en el artículo anterior, en Guinea Ecuatorial no existe un sistema eléctrico nacional; cada ciudad y pueblo depende de sus propios generadores. Se proyecta que una central hidroeléctrica, que actualmente se está construyendo cerca de Añisok, suministre electricidad para la Región Continental cuando se complete dentro de unos cinco años.

En Kogo, en el extremo sudoccidental del país, a los pacientes de las zonas circundantes les cuesta llegar al hospital debido a las dificultades del terreno y del transporte. Kogo es un pueblo aislado a las orillas del delta de un río con extensos manglares. La tripanosomiasis (enfermedad del sueño), transmitida por la mosca tse-tse, y el paludismo, transmitido por mosquitos, son aún más endémicos que en otras partes del país. Los médicos cubanos, formados para trabajar y brindar servicios hasta en las condiciones más difíciles, viajan en cayuco a las aldeas más inaccesibles. (Unos 1500 médicos cubanos se ofrecieron para trabajar en Mississippi y Louisiana tras el huracán Katrina, una oferta rechazada insolentemente por Washington).

"Muchas veces hacíamos viajes de cuatro horas por agua, y después un largo camino a pie", nos dijo el doctor William Pérez, un voluntario cubano que ha trabajado en Kogo. "Tuve la amarga experiencia de ver a un niño que murió en el camino al hospital, porque el viaje tardó seis horas".

Ahora, por primera vez, el estrecho sendero a lo largo de la costa entre Mbini y Kogo se está convirtiendo en un camino asfaltado que será transitable todo el año.

En varios pueblos el personal médico nos dijo que muchos pacientes que resultan ser VIH positivos no tienen los recursos para ir a Bata, la única ciudad en el continente donde se puede hacer un diagnóstico más seguro y se puede iniciar un tratamiento adecuado.

Difusión de conocimientos médicos

Los médicos en todos los pueblos que visitamos explicaron que uno de los desafíos que encaran es el de convencer a los residentes de acudir al hospital o a las clínicas para recibir tratamiento médico. Muchas personas, dijeron, se han criado aceptando las enfermedades y la muerte a una temprana edad como una de las realidades de la vida. Por supersticiones y confianza en los curanderos tribales tradicionales, muchos pacientes buscan atención médica solo cuando ya es demasiado tarde. Es uno de los principales motivos por los que muchos niños mueren de paludismo, que normalmente no es fatal si se trata a tiempo.

"En julio una maestra de 27 años murió aquí de SIDA", nos dijo la doctora Contreras. "Ella había ido a un curandero en vez de ir al hospital. Muchas veces la gente llama el SIDA 'la enfermedad de la mala suerte'".

Los esfuerzos sistemáticos de educación popular han contribuido a convencer a un mayor número de personas de que busquen tratamiento en los hospitales y las clínicas. El doctor Juan Álvarez Morell, jefe de la brigada médica en Evinayong, dijo que miembros de la brigada hablan en "programas de radio todas las semanas y dan charlas en el hospital y la comunidad, haciendo trabajo educativo sobre el paludismo infantil, las enfermedades diarreicas y

ARRIBA: Ceremonia en Bata para los 102 graduados en 2008 de la Universidad Nacional de Guinea Ecuatorial. A la izquierda, la egresada de medicina Tecla Mangue recibe diploma del rector Carlos Nse Nsuga. El objetivo de la escuela de medicina es formar cientos de médicos y enfermeros guineanos para que remplacen al personal cubano que actualmente provee casi toda la atención médica primaria en el país.

ABAJO: Estudiantes médicos guineanos, en 2005, se preparan a viajar a Cuba para realizar su último año de estudios médicos. Leonardo Ramírez, de camisa a rayas, jefe de la colaboración médica cubana en Guinea Ecuatorial en ese momento. Segunda desde la derecha, Ana Morales, primera secretaria de la embajada cubana, y también médico.

otros problemas de la salud. Promovemos las campañas de vacunación".

Se está produciendo un cambio notable a medida que los jóvenes médicos guineanos se hacen cargo de los hospitales y se integran a los programas médicos por todo el país. Están trabajando con los curanderos y las parteras tradicionales para ganar su confianza y entrenarlos para reconocer condiciones médicas que requieren cuidado urgente en el hospital. Los jóvenes médicos se esfuerzan por persuadir a los curanderos a que logren que la gente acuda al hospital y a las clínicas. Los resultados varían de una localidad a otra. Pero el doctor Marcelino Edjang Ondó, director del hospital en Niefang, informó que ahí han tenido buenos resultados en su trabajo con los curanderos.

"Las tradiciones no cambian de la noche a la mañana", dijo la doctora Dayamí Escalona, jefa de la brigada médica en Niefang. "Encontramos las formas de vincular el uso de la ciencia moderna y el trabajo de los curanderos para ganarnos su cooperación".

El hecho que los médicos guineanos se criaron, en la mayoría de los casos, en esa localidad, hablan el idioma autóctono como lengua materna y son conocidos en la comunidad ayuda a ganarse la confianza de los pacientes y la colaboración de los jefes tradicionales de tribu al trabajar con los curanderos y las parteras.

Reconstrucción de hospitales

En casi la mitad de los hospitales que visitamos, había obras mayores de reconstrucción y reparación. En tres pueblos —Mongomo, Evinayong y Luba— habían tumbado las viejas estructuras y estaban erigiendo un edificio prácticamente nuevo dentro del armazón. Se está transformando gradualmente lo que antes era la condición destartalada de casi todos los hospitales: un indicio de los recursos que el gobierno de Guinea Ecuatorial le está dedicando al mejoramiento del sistema de salud.

Por otro lado, la brecha entre las instalaciones a las que tiene acceso el pueblo trabajador y las que están al alcance de los acaudalados, tanto guineanos como extranjeros, nos quedó de manifiesto durante una visita al Centro Médico La Paz. Este hospital privado ultramoderno aquí en Bata, un proyecto dirigido por israelíes y organizado en colaboración con el gobierno de Guinea Ecuatorial, se estrenó a fines de 2007. En Malabo se está construyendo un hospital parecido.

La mayor parte de los 35 médicos de la plantilla del hospital —en su mayoría israelíes, y también algunos de Argentina, Uruguay y otros países— no residen en Guinea Ecuatorial. Vienen en avión a Bata por estancias de unos días o unas semanas. Tres de los médicos son guineanos, egresados recientes de la facultad de medicina aquí.

Hicimos un recorrido del Centro Médico La Paz tras una ceremonia donde se firmó un acuerdo entre el hospital y la universidad nacional para realizar investigaciones. El director Alon Stamler, al señalar que acababan de hacer una operación de neurocirugía el día antes, nos dijo que el hospital puede efectuar los procedimientos más avanzados, permitiendo que los pacientes que buscan la mejor atención posible se queden en el país en vez de salir al extranjero. Stamler apuntó que las empresas petroleras internacionales, cuyo personal a veces realiza trabajos peligrosos en las plataformas marinas, estarían entre los que más aprecian los servicios médicos que ofrece el centro, y agregó que el nuevo hospital en Malabo espera establecer convenios a largo plazo con estas empresas.

En el hospital se paga por cada servicio. Una noche en el hospital cuesta 325 dólares, una radiografía 200 dólares, una consulta médica 225 dólares, una tomografía 350 dólares. Muchos guineanos subsisten con menos de uno o dos dólares diarios. Pocas camas estaban ocupadas en las salas que visitamos.

En una conversación después del recorrido, dos profesores de la universidad nacional que habían participado en la visita nos comentaron que se sentían orgullosos de que este centro ahora facilitara servicios médicos tan avanzados. Sin embargo, cuando se les preguntó quién dispondría de los medios económicos para utilizarlo, contestaron con pesar, "Casi nadie".

Necesidad de formar especialistas

En los hospitales públicos distritales, se ha duplicado el número de operaciones en los últimos ocho años. Pero el doctor Juan Carlos Méndez, jefe de la brigada médica cubana en Guinea Ecuatorial, señaló que la mayoría son cirugías menores. Para las operaciones mayores, los pacientes aún tienen que ir a Bata, donde el hospital cuenta con cirujanos y con equipos más avanzados.

"Necesitamos formar a más cirujanos y otros especialistas para nuestros hospitales", dijo el doctor Edjang, del hospital en Niefang, donde trabajan tres médicos, dos cubanos y un guineano.

Basándose en los logros iniciales, este reto se está afrontando en la facultad de medicina en Bata, donde varios estudiantes ya han completado su primer año de formación en cirugía, medicina interna o gíneco-obstetricia.

Cooperación médica cubana: ejemplo internacionalista de una revolución socialista

por Martín Koppel y Mary-Alice Waters

BATA, Guinea Ecuatorial—"Hizo falta mucha voluntad y esfuerzo. Tuvimos que aprender a estudiar, a estudiar muchas horas. Pero hoy nos graduamos de médicos. Vamos a estar trabajando para mejorar la salud del pueblo guineano", dijo Benjamín Ntutumu Mbá.

Sus palabras expresaron el sentido de orgullo y confianza de los 21 médicos que se graduaron el 5 de agosto de la facultad de medicina aquí. Están entre los 102 estudiantes de la clase de 2008 en la Universidad Nacional de Guinea Ecuatorial (UNGE) que recibieron sus diplomas. Ahora están comenzando sus primeros empleos como médicos en hospitales y clínicas por todo el país.

La facultad de medicina en Bata, con una dirección y plantilla de médicos cubanos durante casi una década, comenzó en 2000 como parte de un programa de cooperación médica entre los gobiernos de Guinea Ecuatorial y

Publicado en el Militante, *6 de octubre de 2008.*

MARTÍN KOPPEL/MILITANT

JUVENTUD REBELDE

Unos 160 médicos, enfermeros y técnicos de laboratorio, parte de un programa de colaboración médica entre los gobiernos de Guinea Ecuatorial y Cuba, brindan servicios por todo el país, incluidas las zonas rurales más aisladas y pequeños pueblos donde estos servicios antes no habían sido accesibles o costeables.

ARRIBA: Los estudiantes de medicina guineanos Fulgencio Nsue Mba y Armando Nsue Ela (*tercero y cuarto desde la izquierda*) junto a la brigada médica cubana en el hospital de Ebebiyin, 2008. También al fondo están Tebelio Concepción, decano de la facultad de medicina, (*izquierda*); y Ademar Agüero (*centro*), jefe de la brigada médica cubana en la región continental.

Más de 38 mil trabajadores médicos cubanos prestan servicio en 73 países por el mundo, incluidos 1500 médicos en 35 países africanos.
ABAJO: Médicos cubanos en Guatemala, 1999, en la secuela del huracán Mitch.

Cuba. Cuba se comprometió a enviar brigadas de médicos, enfermeros y técnicos de laboratorio —hoy suman 160— para trabajar en hospitales y centros de salud por todo este país centroafricano. La facultad de medicina está formando a cientos de médicos y enfermeros guineanos cuyo objetivo es sustituir progresivamente al personal cubano que actualmente brinda casi toda la atención primaria de salud.

La formación de médicos guineanos, comprometidos a mejorar las condiciones de salud en su país, no es un logro insignificante en uno de los países menos industrializados de África subsahariana. Guinea Ecuatorial comparte con el resto de la región un legado de siglos de dominación colonial e imperialista. Al igual que en muchas partes de África Central, el paludismo (malaria) es endémico, la tifoidea, la tuberculosis, los parásitos intestinales y la tripanosomiasis (enfermedad del sueño) son muy corrientes, y la incidencia de infección del VIH/SIDA, aunque menor que en otras partes de la región, está en ascenso.

La crisis de salud heredada por los guineanos se ve magnificada por las propias operaciones del sistema capitalista mundial. Atraídos por salarios mucho más altos, mejores condiciones de vida y alicientes de promoción de la "carrera" personal, una proporción importante del personal médico emigra a países imperialistas desde África y otras partes del mundo semicolonial. El director del servicio de salud pública en Ghana, por ejemplo, informó en 2005 que el país había perdido un 30 por ciento de los médicos que se habían formado allí, quienes se habían mudado a Estados Unidos, Gran Bretaña, Canadá o Australia. Unos 5300 médicos de África subsahariana estaban ejerciendo en Estados Unidos, según un informe emitido en 2004 por la institución Recursos Humanos para la Salud.

La formación que brinda el programa médico dirigido por los cubanos, al igual que la propia Revolución Cubana, les infunde a los estudiantes una perspectiva de clase distinta. En vez de promover el "avance" personal, se basa en la solidaridad de clase y en proveer atención médica como derecho humano. Busca inculcar la voluntad de llevar servicios médicos a los trabajadores y agricultores en zonas rurales aisladas y pueblos pequeños donde dichos servicios antes eran inaccesibles e inasequibles.

El programa de la facultad de medicina se organiza en estrecha colaboración con la facultad de medicina Ernesto Che Guevara en Pinar del Río, Cuba. Cuando se inició el programa, un grupo de estudiantes guineanos estudiaba cinco años en Pinar del Río y el sexto bajo la supervisión de la facultad de medicina en Bata. Simultáneamente, otro grupo estudiaba cinco años en Guinea Ecuatorial y se pasaba el último año en Pinar del Río.

Actualmente todos los estudiantes cursan sus estudios aquí y completan su sexto año en Cuba, informó el doctor Tebelio Concepción, decano de la facultad de medicina en Bata. Concepción, un estomatólogo que anteriormente enseñaba en la facultad Ernesto Che Guevara, señaló que desde la fundación del centro docente en Bata, su decano siempre ha provenido de Pinar del Río, como parte del compromiso de esa universidad con el programa de cooperación.

En el curso de 2007–2008, 170 estudiantes guineanos estaban matriculados en la facultad de medicina de Bata, entre ellos 23 en un programa de enfermería de cinco años. Más de la mitad de los estudiantes —89— eran mujeres, un dato que se recibió con entusiasmo y orgullo cuando lo anunció María Jesús Nkara, directora de asuntos académicos de la UNGE. Para el año académico 2008–2009, el estudiantado ha crecido a 202, y el primer año es el más numeroso desde que se estableció la escuela de medicina. Con la graduación del 5 de agosto, 122 estudiantes de medicina guineanos han recibido sus títulos aquí desde 2006.

Alto grado de retención de estudiantes
"La gran mayoría de los estudiantes de medicina completan el curso", nos dijo Concepción. Esto contrasta con muchas otras facultades universitarias en Guinea Ecuatorial, donde por diversos motivos un gran porcentaje de los estudiantes abandonan el programa durante el primero o segundo año.

La clave de este logro, dijo Concepción, es la atención individualizada que recibe cada alumno al transformar sus hábitos de estudio y trabajo. Los profesores cubanos ofrecen consulta docente (tutoría) a todos los estudiantes que necesiten ayuda. Para que esta ayuda sea más eficaz, "los profesores, agrupados en colectivos de año, se reúnen cada mes para analizar el progreso de sus estudiantes y ver quién necesita atención especial", dijo. Los estudiantes escogen un representante que participa en estas reuniones y ayuda a exponer los problemas que requieren atención y de los cuales los profesores a veces no tenían conocimiento.

Por ejemplo, un alumno puede que viva en un barrio sin electricidad y no pueda estudiar en casa de noche. "O a veces el estudiante cuya lengua materna es el fang tiene un conocimiento más limitado del español y le cuesta entender a un profesor cubano que habla muy rápido". El fang, con dos dialectos fundamentales, es el principal idioma que se habla en la región africana que incluye Guinea Ecuatorial.

"Esta atención individualizada ha sido fundamental para darnos un alto grado de retención", anotó el doctor Juan

Carlos Méndez, jefe de la brigada médica cubana aquí, quien antes dirigía el ministerio de salud pública en la provincia cubana de Ciego de Ávila.

Los egresados de la facultad de medicina con los que hablamos dijeron que la ayuda y aliento que recibieron de sus maestros fue decisiva para que pudieran superar un sinnúmero de obstáculos y completar sus estudios. En muchos casos, dichos obstáculos están más allá de las experiencias, presuposiciones y conciencia de los observadores, aun los más comprensivos, de países donde predominan las relaciones de clases definidas por la producción y el comercio capitalistas.

En Guinea Ecuatorial no existe una clase de pequeños productores agropecuarios dueños de sus tierras que batallan por producir un excedente para vender en el mercado a fin de saldar sus deudas y no perder su tierra. Hoy día apenas está empezando a surgir una clase obrera industrial. Estas realidades históricas significan que los hábitos de trabajo que el azote capitalista de la esclavitud de deudas le impone al campesinado, y que la competencia por empleos y la esclavitud asalariada le impone a la clase trabajadora, solo existen de forma embrionaria en muchas partes de África central.

El doctor Florentino Abaga Ondó, un guineano que hoy día es director técnico (médico) del hospital en Mbini, un pueblo costero en el continente, es uno de los egresados de 2006 que estudiaron cinco años en Cuba y volvieron aquí para el sexto. Lo que le resultó más difícil al iniciar sus estudios en Cuba, nos dijo, no fue la comida o las diferencias culturales, ni tampoco la lejanía de la familia y los amigos. Fue "aprender a trabajar, aprender a trabajar muy duro. Eso es lo que significa estudiar realmente". Además sentía las presiones de ser uno de los pocos estudiantes africanos en su clase en la Escuela Latinoamericana de

Medicina,[2] dijo: sentía que tenía que demostrar que no iba a fracasar como pensaban algunos de sus compañeros de aula. Triunfó, y esto lo atribuyó en gran parte al apoyo y ánimo que recibió de sus profesores.

"Lo más difícil en mi primer año fue adaptarme a los métodos de estudio", dijo Tecla Mangue Mitogo, una de las egresadas del 5 de agosto. "Tuvimos que acostumbrarnos a leer y estudiar como mínimo cinco horas diariamente. "Los profesores cubanos nos ayudaron muchísimo: nos enseñaron a estudiar y trabajar".

Programa de extensión

En la actualidad, decenas de médicos guineanos trabajan en centros de salud por todo el país, junto a médicos, enfermeros y técnicos cubanos. En cada hospital público que visitamos, el director médico, frecuentemente menor de 30 años de edad, era un egresado de la facultad de medicina de Bata. Nos dijeron que ahora es así en todo el país.

A partir de este año se está dando un nuevo paso importante. Se está ofreciendo el programa médico completo en otras cinco ciudades para jóvenes que de otra forma no habrían podido superar las barreras que les impiden vivir y estudiar en Bata, sea por limitaciones económicas o de vivienda, responsabilidades familiares o la razón que sea.

El doctor Méndez informó que 13 estudiantes están matriculados en el programa hasta el momento: 2 en Ebebiyin, 3 en Mongomo, 1 en Mbini, 5 en Malabo y 2 en Luba. El año

---

2. El gobierno cubano estableció la Escuela Latinoamericana de Medicina en 1999 para formar médicos, gratuitamente, de América Latina y otras partes del mundo. Actualmente tiene estudiantes de más de una veintena de países. El único requisito es que los estudiantes acepten poner su formación al servicio de comunidades pobres y obreras en su país de origen. La matrícula es de aproximadamente 10 mil estudiantes, con unos 1500 graduados cada año.

próximo se proyecta extender el programa a nuevos pueblos, y aumentar el número de estudiantes en cada uno.

Durante una visita a diversos pueblos en la Región Continental, conocimos a varios de estos estudiantes y a sus profesores. Estábamos acompañando al rector de la Universidad Nacional de Guinea Ecuatorial, Carlos Nse Nsuga, y a un grupo de profesores y administradores en un recorrido de los centros de extensión universitaria en Ebebiyin, Mongomo y Mbini. El personal universitario estaba evaluando los primeros meses del nuevo programa.

Médicos cubanos que trabajan en estos distritos imparten las asignaturas médicas. Muchos de ellos cuentan con una amplia experiencia docente en Cuba, así como muchos años de ejercer medicina. En Kogo, por ejemplo, la enfermera recién llegada de Cuba, con más de 30 años de experiencia, había sido jefa de la administración de enfermería para toda La Habana.

En Mongomo hay tres estudiantes matriculados en el programa de extensión, que empezó en mayo con un curso preparatorio de tres meses. La doctora Luisa Gómez, una de los médicos cubanos que dirigen el programa allá, nos dijo que los cursos preliminares incluyen química, biología, introducción a la medicina y computación. Empezando ya su formación práctica desde el inicio, todos los días los alumnos acompañan a los médicos por la mañana cuando estos hacen sus visitas y atienden a pacientes en la clínica del hospital. Las clases se imparten por la tarde, cuando los profesores ya han terminado sus consultas en el hospital.

José Fernando Monsuy, un estudiante de 24 años en Mongomo, dijo que ya había aprendido mucho al ir a la comunidad con los médicos cubanos para promover higiene básica y salud preventiva entre los residentes.

El rector universitario Nse Nsuga instó a los estudiantes

a que hablaran no solo de los avances que estaban haciendo sino de los problemas que enfrentan. "Si no hablan de sus problemas, no podemos encararlos juntos", dijo. Los estudiantes describieron diversos obstáculos prácticos. Su nueva aula todavía está en construcción, como parte de la renovación del hospital. Entretanto, dos computadoras, que utilizan para estudiar sus asignaturas en DVD, están instaladas temporalmente en la modesta residencia del personal médico cubano. Solo pueden usar estas computadoras después de las 6:00 p.m. cuando hay electricidad en las horas vespertinas.

Los estudiantes señalaron otros problemas también. Faltan libros de texto. La sala que sirve de biblioteca para la escuela frecuentemente está cerrada durante las horas que podrían usarla. Después de un poco de discusión, el rector instó a los estudiantes a que tomaran iniciativas para tumbar estos impedimentos. Los instó a que hicieran una propuesta sobre las horas de la biblioteca y hablaran con los administradores del hospital para designar a una persona encargada de tener una llave de la biblioteca. Les sugirió que se organizaran a fin de fotocopiar y compartir los materiales de lectura.

El director médico, el doctor Nicéforo Edjang, egresado guineano de la facultad en Bata, también respondió a los tres estudiantes. Sus quejas están fundamentadas, dijo. Pero el problema subyacente es que no están acostumbrados a la disciplina del estudio, que requiere trabajo.

"Tienen que adaptarse a lo que significa estudiar", dijo Edjang. "Esa es vuestra dificultad principal. Todos los que estudiamos en la facultad de medicina enfrentamos los mismos retos que ustedes están enfrentando. De hecho, las condiciones que tuvimos en el primer año fueron aún más duras", dijo Edjang. Por ejemplo, en ese primer año —según nos enteramos durante una visita anterior a Guinea Ecuatorial en 2005— no tuvieron libros de texto los primeros seis meses.

Los estudiantes acordaron asumir las sugerencias del rector e iniciar las soluciones a los obstáculos que estaban planteando.

El personal médico en varias ciudades que visitamos señaló que la capacitación de estudiantes en sus propios pueblos de origen —a diferencia de una ciudad lejana, ni hablar de otro país— fortalece su compromiso de trabajar en su propia comunidad. La formación de médicos que estén dispuestos a trabajar en las zonas que más necesitan atención médica es una piedra angular de la preparación médica que reciben.

Por ejemplo, en Kogo, el pequeño hospital ya cuenta con un médico guineano que también es el director: un logro importante. Sin embargo, él se crió en otra región.

"Necesitamos formar a más médicos que son de aquí y que se van a quedar aquí", nos dijo el doctor Hilario Nguema. Se nota la diferencia cuando se cuenta con médicos que se criaron en esa comunidad y son conocidos. En la zona de Kogo, ayudaría mucho tener personal que hable ndowe, la lengua materna de mucha gente en la región costera.

Méndez dijo que los estudiantes que se forman en su pueblo de origen "conocen su propia comunidad y están comprometidos con la comunidad". Dijo que al ver lo que personas como ellos han logrado hacer, se acelera el proceso de captar a más estudiantes y formar a más médicos. Y refuerza el sistema de salud pública, especialmente en las zonas que han tenido poco acceso al personal médico capacitado.

'Nos quedaremos el tiempo que sea necesario'

Al concluir nuestro recorrido de dos semanas, Méndez y Concepción nos dedicaron tiempo de su cargado horario de trabajo con las brigadas médicas que están apostadas por todo el país y con la escuela en Bata para decirnos un poco más sobre el trabajo que realizan los voluntarios cubanos. El objetivo de la cooperación médica entre los gobiernos de Cuba y Guinea Ecuatorial, destacaron, es formar médicos y enfermeros guineanos que se dedicarán a transformar la salud pública en su país. Es el principio que orienta todas las misiones médicas cubanas en todos los países adonde se les invita a trabajar, apuntaron.

Para lograr ese objetivo, dijo Méndez, "estamos comprometidos a quedarnos el tiempo que sea necesario".

Dicha colaboración médica es una expresión de la trayectoria internacionalista proletaria que ha caracterizado a la revolución socialista cubana por medio siglo.

En 1963 fue la primera brigada voluntaria de médicos cubanos a África. Fue a Argelia, recién independizada, menos de un año después de que el Frente de Liberación Nacional de Argelia hubiera derrotado al régimen colonial francés tras una guerra larga y recia.

Ese mismo año, Cuba respondió a la petición del gobierno de trabajadores y campesinos en Argelia de enviar armas y combatientes voluntarios para ayudar a frenar un ataque por el gobierno marroquí apoyado por el imperialismo. A través de las décadas, internacionalistas cubanos han combatido junto a fuerzas antiimperialistas por toda África —desde el Congo hasta Guinea-Bissau y Angola— así como en América Latina.[3]

---

3. Desde mediados de los años 60, combatientes voluntarios cubanos cumplieron misiones en un buen número de países africanos para apoyar luchas de liberación nacional por la independencia y la soberanía. Entre estas estaban el Congo, Guinea-Bissau y Etiopía. El más grande de estos esfuerzos fue en Angola, donde entre 1975 y 1991 unos 375 mil combatientes voluntarios cubanos ayudaron a defender ese país de repetidas invasiones sudafricanas y de una insurgencia respaldada por

El hecho que decenas de miles de trabajadores médicos están brindando servicios de salud hoy día en zonas de difícil acceso por todo el mundo es una de las expresiones más notables del carácter socialista de la revolución que llevaron a cabo los trabajadores y agricultores cubanos, derrocando las relaciones capitalistas de propiedad y transformando la conciencia de millones de personas. Ningún otro país del mundo es capaz de hacer algo remotamente parecido, y ningún otro gobierno aspira a hacerlo.

Como explicó y demostró con su propio ejemplo el dirigente revolucionario cubano Ernesto Che Guevara, médico de profesión, "Para ser médico revolucionario… lo primero que hay que tener es revolución".[4] En Cuba, no solo la atención médica —una mercancía costosa en el capitalismo— es gratuita y accesible a todos como derecho fundamental, sino que los que llegan a ser trabajadores médicos se forman con ese espíritu.

En el año 2008, más de 38 mil médicos, dentistas, enfermeros y técnicos médicos cubanos están trabajando como voluntarios en 73 países, según el Ministerio de Salud Pú-

---

Washington y otras potencias imperialistas.

En la década posterior a la victoria de la Revolución Cubana en 1959, voluntarios internacionalistas cubanos también pelearon junto a fuerzas revolucionarias en países latinoamericanos, incluidos República Dominicana, Argentina, Bolivia y Venezuela.

4. Ver *Che Guevara habla a la juventud* (Pathfinder, 2000). Ernesto Che Guevara, un comandante en el Ejército Rebelde durante la guerra revolucionaria cubana que derrocó a la tiranía de Batista, la cual era respaldada por Washington, después del triunfo de 1959 desempeñó importantes responsabilidades en el nuevo gobierno revolucionario. En 1965 dirigió una columna que luchó junto a las fuerzas antiimperialistas en el Congo. En 1966–67 encabezó un destacamento de combatientes internacionalistas en Bolivia. Herido y capturado por el ejército boliviano el 8 de octubre de 1967 durante una operación organizada por la CIA, fue asesinado al día siguiente.

blica de Cuba. Entre ellos hay 1500 trabajadores médicos en 35 países africanos. Médicos cubanos son responsables de facultades de medicina no solo en Guinea Ecuatorial sino en Gambia, Guinea-Bissau y Eritrea.

La brigada médica cubana ha estado en Guinea Ecuatorial desde 2000, nos dijo Méndez, en el marco del Programa Integral de Salud para Centroamérica, el Caribe, África y Asia. El gobierno cubano había lanzado esa iniciativa dos años antes en respuesta a los estragos causados por el huracán Mitch en Centroamérica. "Enviamos brigadas médicas de urgencia a la región azotada por el ciclón", dijo y a partir de entonces se extendió el programa a otras partes del mundo.

Hoy día los 160 médicos, enfermeros y técnicos de laboratorio que integran la brigada cubana en Guinea Ecuatorial trabajan en los 18 distritos del país: 57 en la isla de Bioko y 103 en el continente. Aparte de aquellos que tienen responsabilidades directivas especiales, quienes a veces cumplen un plazo más largo, los miembros de la brigada por lo general trabajan aquí por dos años, con un mes de vacaciones al final del primer año.

"Los médicos cubanos van a todos los rincones del país, hasta los más distantes", nos dijo el presidente Teodoro Obiang Nguema, en una entrevista el 7 de agosto. "Se ve la disciplina y la moral de esos médicos".

Los gastos de subsistencia de los trabajadores médicos cubanos los sufraga el gobierno de Guinea Ecuatorial. "Les damos un estipendio, vivienda, transporte y otras necesidades", dijo Obiang.

Además del estipendio mínimo —el mismo que recibe todo el personal, independientemente de sus cualificaciones— el gobierno de Cuba les paga a los voluntarios médicos cubanos sus salarios mensuales normales en pesos cubanos, entregando esa suma directamente a su familia en Cuba o depositándola en una cuenta bancaria donde se la reservan hasta su regreso. Los trabajadores médicos que han completado misiones internacionalistas reciben 50 dólares por mes en divisas convertibles además de su salario en pesos cubanos.

Conquistas de la Revolución Cubana

En una discusión que se dio una tarde con un grupo de más de 30 miembros de la brigada médica cubana, varios integrantes hablaron de cómo les ha impactado profundamente la experiencia de trabajar en Guinea Ecuatorial. Algunos habían cumplido misiones anteriormente en Angola, Iraq, Sahara Occidental, Etiopía u otros países; una voluntaria cumplía su cuarta misión internacionalista. Sin embargo, para la mayoría era la primera vez que trabajaban y vivían fuera de Cuba. Aunque entre ellos hay una gran diversidad de edades y experiencia de trabajo, la mayoría tiene más de 40 años o un poco más de 50.

"Aquí encontramos una realidad que nunca habíamos conocido en Cuba", dijo la doctora Laura Cobo. "Hemos visto enfermedades prevenibles de las cuales antes solo habíamos leído en libros. Hemos visto a niños que mueren de paludismo o que mueren de hambre". Algunos de los médicos señalaron que muchas de las enfermedades que actualmente son corrientes en Guinea Ecuatorial también habían asolado al pueblo trabajador de Cuba antes de que la revolución socialista triunfara a principios de los años 60 y empezara a transformar las relaciones sociales. Sin embargo, aun los mayores de la brigada son demasiado jóvenes como para haber conocido directamente esas condiciones capitalistas.

En Guinea Ecuatorial, dijo Cobo, el personal médico cubano frecuentemente trata pacientes con poliomielitis. "En nuestro país hace años que no vemos un caso de polio.

En Cuba los niños reciben 13 vacunas en el primer año".

Una de las experiencias más duras aquí, nos dijeron varios médicos, era ver niños con paludismo u otra enfermedad curable que morían porque los traían al hospital demasiado tarde para ser tratados con éxito.

Al mismo tiempo, agregó el doctor William Pérez, "hay casos de niños en estado crítico que, a pesar de nuestros escasos recursos, logramos llevarlos a curación. Eso nos da una tremenda satisfacción".

El doctor Rubén Romero nos dijo que él ha impartido clases en Bata por dos años. "Esta facultad de medicina es un gran avance. Ahora vemos la tercera graduación médica", dijo. "Podemos empezar a ver los frutos de nuestro trabajo".

Cobo dijo que lo que más le ha costado es acostumbrarse a que "la atención médica aquí está mercantilizada". En Cuba se ofrece atención médica gratuita y de buena calidad a todos. Pero aquí "los pacientes tienen que pagar por todo: desde los medicamentos hasta las operaciones urgentes. Y si no pueden pagar, nosotros no debemos atenderlos".

Algunos médicos dijeron que eso les resulta tan difícil que a veces se olvidan de decirles a los pacientes que tienen que pagar.

"Esta experiencia nos está preparando para trabajar mejor para la Revolución Cubana", dijo Cobo. "Cuando regresemos a casa, podremos usar estas experiencias —con todas las carencias materiales que tenemos en Cuba— para explicar los logros de la revolución", explicar lo que significa una revolución socialista.

Las condiciones que describen los médicos cubanos son las realidades que enfrentan millones de personas en África y otras partes del mundo semicolonial. Lo que más satisfacción les da, dicen, es la oportunidad de participar en el proceso de cambiar esta realidad.

TERCERA PARTE

Sin cultura
no se puede ser libre

La sed de libros y el anhelo por parte de los jóvenes de entender el mundo y el papel que en él les corresponde, caracterizaron la Primera Feria del Libro de Guinea Ecuatorial en octubre de 2005.

ARRIBA: Parte del público en la sesión inaugural de la feria. **ABAJO:** Mesa de libros de Pathfinder, atendida, desde la izquierda, por Brian Taylor, Arrin Hawkins y Jonathan Silberman.

'Leer es crecer'
es el lema de feria del libro

por Martín Koppel

MALABO, Guinea Ecuatorial—Varios cientos de estudiantes, maestros y otras personas participaron en la Primera Feria del Libro de Guinea Ecuatorial, celebrada aquí del 17 al 20 de octubre de 2005. El evento lo auspició la Universidad Nacional en la capital Malabo.

El evento cultural se organizó con el fin de fomentar la lectura y promover la literatura y a los escritores, sobre todo de Guinea Ecuatorial. Se ofrecieron presentaciones de libros, seminarios, lecturas de poesía, exposiciones de arte y la venta de libros, finalizando con un sketch creado y puesto en escena por un grupo de estudiantes.

A lo largo de los corredores externos del recinto había mesas con libros sobre la cultura e historia de Guinea Ecuatorial, así como títulos publicados por editoriales cubanas, libros de la casa editora Pathfinder —con sede en Nueva York—, literatura de la editorial católica San Pablo,

Publicado en el Militante, *14 de noviembre de 2005.*

obras de arte y otros materiales. El festival literario se organizó para que coincidiera con el aniversario de la independencia de Guinea Ecuatorial. La celebración de varios días culminó el 12 de octubre con una masiva y animada marcha, expresión de orgullo nacional, realizada en el pueblo de Evinayong, una capital provincial en la Región Continental del país.

Algunos de los profesores y otros participantes expresaron asombro —y alegría— al presenciar la sed de los jóvenes por los libros sobre cultura y política en Guinea Ecuatorial y el mundo. Muchos manifestaron que esperaban que la feria llevara al establecimiento de la primera librería en el país, y que eventos similares futuros tuvieran aún más libros de autores guineanos.

'Fomentar la cultura de la lectura'
Realizada bajo el lema "Leer es crecer", la feria del libro fue inaugurada por el rector de la Universidad Nacional de Guinea Ecuatorial, Carlos Nse Nsuga. Este destacó que era la primera vez que se celebraba un evento de esta clase en el país.

En la tribuna también estaban Joaquín Mbana, viceministro de educación; Trinidad Morgades y Pedro Ndong Asumu, vicerrectores de los recintos universitarios en Malabo y Bata, respectivamente; el embajador cubano Víctor Dreke; y Hwangbo Ung Bom, embajador de la República Popular Democrática de Corea. Entre el público había estudiantes tanto de la universidad como de escuelas secundarias.

La feria va dirigida a fomentar la lectura, dijo la poetisa Carmela Oyono Ayíngono en sus palabras de introducción. La lectura y el acceso a los libros son "imprescindibles para el desarrollo cultural", dijo. Todo hogar guineano necesita una pequeña biblioteca para que a los niños se pueda "iniciarles en la cultura de la lectura".

Dos libros presentados el primer día sentaron la pauta para todo el evento: *Historia de Guinea Ecuatorial: Período precolonial*, por Rosendo-Ela Nsue Mibui, y *De la sierra del Escambray al Congo: En la vorágine de la Revolución Cubana*, por Víctor Dreke. La embajada cubana en Guinea Ecuatorial fue uno de los patrocinadores del evento, que también coincidió con el Día de la Cultura Cubana, el 20 de octubre.

Como parte del primer día de actividades, la presidenta de Pathfinder, Mary-Alice Waters, ofreció una introducción a la editorial que fue muy bien recibida por los participantes de la feria. A nombre de los cinco miembros del equipo que participaron en la feria y estuvieron en el stand de Pathfinder, Waters dijo: "Nuestra presencia aquí ayuda a subrayar que en Estados Unidos existen personas comunes y corrientes que no empiezan con un deseo de proteger la relativa riqueza y abundancia de recursos que se consumen en los países más económicamente desarrollados.

"Hay muchas personas, como nosotros, que comprendemos que el desarrollo norteamericano y europeo existe únicamente porque miles de millones en el mundo viven en condiciones de pobreza aplastante", dijo Waters. "Empezamos con el mundo y cómo transformar el orden económico internacional que es la fuente de esta realidad". (Ver el texto de las palabras de Waters en la página 89).

Rosendo-Ela Baby habló sobre *Historia de Guinea Ecuatorial*, cuyo autor es su padre, un reconocido historiador y veterano de la lucha para independizarse de España. "Este libro explica acontecimientos que llevaron a la formación de nuestro país", dijo. El libro presenta una abundancia de hechos sobre la época de la sociedad pre-clase —incluida la migración a África Central de los fang, bubi y otros pueblos de habla bantú— que precedió la imposición del coloniaje europeo y la trata de esclavos en lo que hoy día es Guinea Ecuatorial.

Dreke presentó *De la sierra del Escambray al Congo*, un relato sobre su trayectoria de cinco décadas como luchador revolucionario, editado por Pathfinder. Dreke, disfrutando la oportunidad de intercambiar con un público receptivo de jóvenes guineanos, se refirió a algunas de estas experiencias, desde su incorporación de adolescente a la guerra revolucionaria que en 1959 derrocó a la dictadura de Batista apoyada por Washington, hasta su papel como comandante de las unidades voluntarias de trabajadores y campesinos que derrotaron a las bandas contrarrevolucionarias organizadas por la CIA en la sierra del Escambray en la región central de Cuba a principios de los años 60.

"En 1965 tuvimos la gran oportunidad que nos dio la revolución, que nos dio Fidel [Castro], de poder venir a África —al Congo-Léopoldville, actual República Democrática del Congo— para combatir junto al Comandante Ernesto Che Guevara y un grupo de 130 compañeros cubanos bajo la dirección del movimiento de liberación del Congo", dijo Dreke, quien fuera el segundo al mando de esa columna de combatientes voluntarios internacionalistas cubanos.[1] La mayoría de los profesores y muchos estudiantes entre el público conocían a Dreke como embajador

---

1. Desde abril hasta noviembre de 1965, un contingente de voluntarios cubanos al mando de Guevara fue al Congo para luchar al lado de los partidarios del martirizado primer ministro Patricio Lumumba y ayudar a entrenarlos. Lumumba había sido derrocado y asesinado cuatro años antes en un golpe de estado apoyado y organizado por Bruselas y Washington. En 1965 esas fuerzas combatían a los ejércitos mercenarios respaldados por los gobiernos de Estados Unidos, Bélgica y Sudáfrica que intentaban impedir que la vasta riqueza mineral del Congo se escapara del control imperialista. El relato de Dreke sobre esta misión se encuentra en el último capítulo del libro *De la sierra del Escambray al Congo*.

cubano en su país, pero desconocían su participación en las luchas de liberación de África.

Señaló que Cuba no solo tiene unos 140 voluntarios —mayormente personal médico— que cumplen misión internacionalista en Guinea Ecuatorial, sino que su objetivo es "que nuestros médicos, técnicos de agricultura y otro personal puedan ser sustituidos por compañeros ecuatoguineanos". Unos 70 jóvenes guineanos actualmente completan su sexto año de medicina en Cuba o en la facultad de medicina dirigida por cubanos en Bata.

Dreke dijo que los cubanos que trabajan hoy día en África no están ahí para extraer la riqueza petrolera de la región. "De África lo único que nos hemos llevado son nuestros muertos —los más de 2 mil cubanos que han perecido en combate en varios países africanos— y el corazón de la mayoría de los africanos", dijo ante los aplausos del público. (Ver el texto de las palabras de Dreke en la página 97).

Discusiones amplias

Durante los cuatro días del evento, las presentaciones de libros y seminarios provocaron animadas discusiones.

Rosalía Andeme, profesora de la universidad e integrante de la comisión organizadora de la feria del libro, habló sobre "El folklore como instrumento para la educación y la cultura". Ella explicó los orígenes de algunas de las danzas y la música guineanas en la resistencia a los traficantes de esclavos y a la opresión colonial.

Los jóvenes en Guinea Ecuatorial necesitan aceptar su herencia cultural y no sentirse avergonzados de ella, planteó Andeme. "La modernización no tiene por qué significar la americanización o europeización de nuestra cultura".

Joaquín Mbana, viceministro de educación y uno de los autores, presentó *De boca en boca,* una selección de ensayos que aporta a la historia oral fang. Con mucho sentido de humor, apreciado por los estudiantes en la sala, explicó que si bien las tradiciones descritas en sus páginas forman parte de la herencia cultural del país, la creencia en la brujería y la magia no se limita a Guinea Ecuatorial —también existe en Europa y otras partes— y se le puede dar una explicación histórica.

Una mesa redonda de cinco profesores habló sobre *Macías: verdugo o víctima*, por Agustín Nze Nfume, actual embajador de Guinea Ecuatorial en Londres. El libro, publicado el año pasado, trata un tema hasta ahora muy poco comentado en público en este país: el reino de terror de 1968 a 1979 bajo el presidente Francisco Macías Nguema, quien dirigió el primer gobierno tras la independencia de España.

Durante la época de Macías, decenas de miles se exiliaron y muchos, incluidos los que eran objeto de desconfianza por ser "intelectuales", fueron encarcelados, torturados o ejecutados. Macías, cuyo gobierno desarrolló relaciones estrechas con Moscú y Beijing, se vistió de retórica antiespañola y antiimperialista. Se hizo presidente vitalicio y en ocasiones se autocalificó de "socialista". El 3 de agosto de 1979 fue derrocado en un golpe de estado por un grupo de jóvenes oficiales militares guineanos; luego fue enjuiciado y ejecutado. El golpe lo dirigió Teodoro Obiang Nguema, hoy presidente de la república.

En otra mesa redonda se habló sobre *Mi vida por mi pueblo*, un libro autobiográfico del presidente Obiang.

En las discusiones después de estas y otras presentaciones, los estudiantes hicieron preguntas penetrantes a los panelistas. ¿Acaso Macías fue realmente víctima de su propio carácter, según indica el libro? ¿Qué pensaban de la situación de derechos democráticos y sindicales en Guinea Ecuatorial hoy día?

Primera Feria del Libro de Guinea Ecuatorial

En honor al Día de la Cultura Cubana, varias presentaciones se enfocaron en la historia y cultura de Cuba, incluidos los lazos históricos entre las dos antiguas colonias españolas.

Una de las discusiones más animadas se dio en torno a la charla sobre "La mujer negra en la literatura y la plástica del siglo XIX en Cuba", por Jassellys Morales, tercera secretaria de la embajada cubana. Ella se enfocó en la esclavitud, las relaciones sexuales, el matrimonio y la mezcla racial que caracterizan la historia de Cuba. La presentación provocó un intercambio con miembros del público sobre las diferencias entre Cuba y Guinea Ecuatorial sobre las tradiciones matrimoniales y la responsabilidad por los niños, actitudes sobre matrimonios interraciales y la formación de la nación cubana.

Entre otras presentaciones especiales hubo una del Centro Cultural Español de Malabo, otra de las hermanas Paulinas que tenían un stand de libros de las Ediciones San Pablo y otra sobre la transformación de la educación en Guinea Ecuatorial y en Cuba.

Sed de libros

La sed de libros entre los jóvenes y otros participantes de la feria era evidente en las mesas de exposición. En el stand de las editoriales cubanas, acompañado por algunos de la media docena de voluntarios internacionalistas cubanos que enseñan en la Universidad Nacional aquí, los estudiantes compraron libros y folletos por autores desde José Martí y Ernesto Che Guevara hasta el novelista Alejo Carpentier y la poeta Nancy Morejón.

En el stand de Pathfinder, los títulos más solicitados, además del libro *De la sierra del Escambray al Congo*, fueron las selecciones de discursos de Thomas Sankara, el dirigente de la revolución popular democrática de 1983-87 en Burkina Faso, país de África Occidental. Se vendieron como pan caliente decenas de ejemplares de *Somos herederos de las revoluciones del mundo* y *La emancipación de la mujer y la lucha africana por la libertad*: en español, francés e inglés. Las mujeres jóvenes en especial se interesaron en la explicación de Sankara sobre la lucha por la emancipación de la mujer.

Igualmente populares fueron los libros de Nelson Mandela y sobre el movimiento que derrocó al régimen del apartheid en Sudáfrica, seguidos por *Malcolm X habla a la juventud* y *Habla Malcolm X*. Los estudiantes también se llevaron una gama de títulos de Pathfinder, desde *El desorden mundial del capitalismo* por Jack Barnes hasta el número 7 de la revista *Nueva Internacional*, con el artículo "Nuestra política empieza con el mundo".

En total se vendieron más de 300 libros y folletos de Pathfinder, incluyendo todo lo de Sankara, Mandela y Malcolm X. Para garantizar que estos títulos siguieran accesibles a los estudiantes, Pathfinder hizo una donación de más de 125 libros a la universidad que, según dijeron los organizadores de la feria, serían distribuidos entre varias bibliotecas.

En la clausura, el rector Carlos Nse Nsuga habló muy complacido sobre el rotundo éxito de la feria del libro. Agradeció a "aquellos cuyos esfuerzos lo hicieron posible", entre ellos el viceministro de educación, la embajada cubana, la editorial Pathfinder y los numerosos catedráticos que participaron.

El evento finalizó con un sketch cómico que un grupo de estudiantes de derecho pusieron en escena en el patio del recinto. Presentaron un juicio en el cual un hombre acusaba a otro de la muerte de su hermana en un accidente de tránsito, alegando que el acusado había causado la muerte mediante brujería. El público se moría de la risa ante los divertidos intercambios en español y fang, y dieron un fuerte aplauso cuando el acusado resultó absuelto. Al final los estudiantes leyeron una declaración, diciendo que su propósito al preparar la obra era hacer un llamado al gobierno para desarrollar un grupo de leyes que traten las acusaciones de brujería que con mucha frecuencia se llevan a la corte. Los estudiantes y los profesores en el público recibieron con entusiasmo su defensa del materialismo y del imperio de la ley frente a la superstición y las tradiciones que retrasan el desarrollo moderno de Guinea Ecuatorial.

ARGIRIS MALAPANIS/MILITANT

"*Esperamos que nuestra presencia aquí ayude a subrayar que en Estados Unidos existen personas comunes y corrientes que no empiezan con un deseo de proteger la relativa riqueza y abundancia de recursos que se consumen en los países más económicamente desarrollados… Empezamos con el mundo y cómo transformarlo*".

ARRIBA: Foto de satélite de la Tierra de noche que de forma austera ilustra la disparidad del acceso a la electricidad entre Europa, Norteamérica y Japón y la mayor parte de África, Asia y América Latina.
ABAJO: Contingente de la Juventud Socialista de Estados Unidos en el XVI Festival Mundial de la Juventud y los Estudiantes en Caracas, Venezuela, 2005, con pancarta que denuncia los esfuerzos imperialistas de impedir que los países semicoloniales desarrollen fuentes modernas de energía.

Empezamos con el mundo y cómo transformarlo

por Mary-Alice Waters

A nombre de la editorial Pathfinder, quisiera expresar nuestro reconocimiento a Carlos Nse Nsuga, rector de la Universidad Nacional de Guinea Ecuatorial, por la iniciativa que ha tomado esta institución joven y vital que él encabeza al organizar la primera feria del libro en Guinea Ecuatorial bajo el lema "Leer es crecer".

Les agradecemos al viceministro de educación y al gobierno de Guinea Ecuatorial por su apoyo.

Al ministro, al rector, a la vicerrectora, a la decana, a todos los miembros de la comisión organizadora y a muchos otros en la universidad, les agradecemos la oportunidad de compartir con ustedes este momento en la historia. Es un honor.

La editora Pathfinder, con sede en Estados Unidos, acep-

Presentación sobre la editorial Pathfinder ofrecida el día inaugural de la Primera Feria del Libro de Guinea Ecuatorial, 17 de octubre de 2005. Publicada originalmente en el Militante, *14 de noviembre de 2005.*

tó la invitación a participar en este evento por dos razones. Ante todo, es para nosotros una oportunidad de aprender. Nuestra presencia aquí, aunque es la primera vez, no es algo fuera de lo común. Siempre cuando podemos, Pathfinder participa en ferias del libro y en eventos culturales similares, no solo en Estados Unidos, Canadá y Europa, sino por todo el mundo: desde Harare hasta Teherán, desde Guadalajara hasta La Habana, Caracas y Buenos Aires.

Lo que aprendemos de nuestras experiencias aquí —como la celebración en Evinayong del Día de la Independencia, el 12 de octubre, marcando el fin del dominio colonial; una visita ayer al puerto de Luba para conocer otra parte de la historia, y del futuro, del país; y nuestra participación en esta Primera Feria del Libro de Guinea Ecuatorial— nos ayudará a transmitir, de una forma más precisa y más rica, la realidad del mundo en que vivimos a través de los libros y folletos que publicamos.

La segunda razón por la cual aceptamos con gusto la invitación a participar en este intercambio es que nuestra presencia aquí ayuda a subrayar que en Estados Unidos existen personas comunes y corrientes que no empiezan con un deseo de proteger la relativa riqueza y abundancia de recursos que se consumen en los países más económicamente desarrollados. [*Aplausos*] Hay muchas personas, como nosotros, que comprendemos que el desarrollo económico norteamericano y europeo existe en gran parte porque miles de millones en el mundo viven en condiciones de pobreza aplastante. Empezamos con el mundo y cómo transformar el orden económico internacional que es la fuente de esta realidad.

También quisiéramos subrayar por nuestra presencia que ustedes no están solos en sus esfuerzos para transformar su país, en sus esfuerzos para que sea parte de un mundo donde todos tengan acceso a los beneficios de la electricidad —incluida la posibilidad de leer y estudiar de noche—, del agua potable, de caminos asfaltados que se puedan usar en todas las temporadas, de medios modernos de comunicación. La instalación aquí de cada nueva torre del sistema telefónico celular sí es motivo para celebrar.

Ustedes tampoco están solos en sus esfuerzos para que tanto la atención médica como el tipo de educación que esta universidad se empeña en garantizar sean accesibles a todos. Según las palabras de uno de nuestros títulos más populares, *La clase trabajadora y la transformación de la educación*, "Hasta que la sociedad se reorganice para que la educación sea una actividad humana desde que aún somos muy jóvenes hasta el instante en que morimos, no habrá una educación digna de la humanidad trabajadora y creadora".

Es con ese fin que se organiza el programa editorial de Pathfinder.

Los libros que publicamos —sobre historia, sociología, filosofía, cultura, política en el mundo moderno— van dirigidos, ante todo, al pueblo trabajador y a los jóvenes en Estados Unidos. La mayoría de estos libros se redactan y se publican en inglés, pero con más y más frecuencia nuestros nuevos títulos se editan en español y a veces también en francés. Es una necesidad debido al número creciente de inmigrantes de habla hispana de todas partes de América. Y el número cada vez mayor de inmigrantes de numerosos países de África Occidental y Central están entre los lectores más ávidos de nuestros títulos en francés.

Para presentarles hoy la editorial Pathfinder, quisiera solo mencionar otros cuatro títulos que están disponibles y que dan una idea de quiénes somos.

El primero es *¡Qué lejos hemos llegado los esclavos!*, que

"Los libros que publicamos van dirigidos, ante todo, al pueblo trabajador y a los jóvenes en Estados Unidos".

Entre los numerosos dirigentes revolucionarios del mundo cuyos discursos y escritos publica la editorial Pathfinder están Nelson Mandela y Fidel Castro, vistos aquí en Cuba, 1991 (*arriba*), y Thomas Sankara, dirigente de la revolución democrática y popular en Burkina Faso, 1983–87 (*abajo*). Sus libros fueron de los más buscados en la Feria del Libro de Guinea Ecuatorial.

contiene el discurso que dio Nelson Mandela cuando visitó Cuba en 1991 para agradecer al pueblo cubano por su papel imprescindible en la lucha para derrocar al régimen del apartheid de Sudáfrica. Y la respuesta a ese discurso por el presidente cubano Fidel Castro.

Como expresó Mandela en esa oportunidad: "Nosotros en África estamos acostumbrados a ser víctimas de otros países que quieren desgajar nuestro territorio o subvertir nuestra soberanía. En la historia de África no existe otro caso de un pueblo que se haya alzado en defensa de uno de nosotros".

La derrota del ejército sudafricano en la batalla histórica de Cuito Cuanavale,[2] por la cual fueron responsables los internacionalistas cubanos al lado de los angolanos, "marcó un hito en la historia de la lucha por la liberación del África austral", dijo Mandela. Y él afirmó decididamente su admiración de "los sacrificios del pueblo cubano por mantener su independencia y soberanía ante la pérfida campaña imperialista orquestada para destruir los impresionantes logros alcanzados por la revolución cubana".

El libro *¡Qué lejos hemos llegado los esclavos!*, publicado tanto en inglés como en español, es uno de los títulos de Pathfinder que más ampliamente se leen y se usan en Estados Unidos, incluso en clases universitarias y de secundaria.

Segundo. Pathfinder ha publicado y mantenido impresas por casi 20 años (algo que no hace la mayoría de las casas editoras) varias colecciones de discursos del líder burkinabe Thomas Sankara. Tenemos el libro *Thomas Sankara Speaks* (Habla Thomas Sankara) en inglés y en

---

2. En 1988, combatientes cubanos, angolanos y namibios derrotaron una invasión de Angola por el régimen sudafricano del apartheid, frenándola en Cuito Cuanavale y luego expulsando del país a los invasores.

francés, así como selecciones más pequeñas de discursos de Sankara en español, como también en inglés y francés.

Indudablemente, el más popular de todos es el folleto *La emancipación de la mujer y la lucha africana por la libertad*, el poderoso discurso que ofreció Sankara a las mujeres de Burkina Faso en el Día Internacional de la Mujer el 8 de marzo de 1987 en Uagadugu. "El combate de la mujer burkinabe se reincorpora al combate universal de todas las mujeres y, lo que es más, al combate por la rehabilitación total de nuestro continente", les dijo Sankara.

Tercero. El libro *De la sierra del Escambray al Congo* será presentado aquí esta tarde por su autor, conocido por muchos de ustedes: Víctor Dreke, hoy embajador de Cuba ante Guinea Ecuatorial.

Quisiera aprovechar para agradecerles al embajador y a los compañeros de la embajada cubana aquí —quienes han hecho mucho para apoyar y promover este evento— la oportunidad de presentar *De la sierra del Escambray al Congo* por primera vez en un país africano. Es importante, porque hasta algunos de ustedes que han conocido y conversado con el embajador Dreke no saben de la historia de sus esfuerzos a favor de las luchas de liberación de este continente. Esos esfuerzos comenzaron hace unos 40 años con su papel como segundo bajo el mando de Che Guevara en la dirección de los voluntarios cubanos que apoyaron la lucha antiimperialista del pueblo del Congo.

Solo quisiera agregar algo más. *De la sierra del Escambray al Congo*, que también abre una ventana a las luchas del pueblo cubano para defender su independencia y soberanía —luchas que, según estamos aprendiendo, tienen muchos vínculos con la historia y las batallas del pueblo de Guinea Ecuatorial—, también se usa en numerosas universidades en Estados Unidos, y se ha vendido ampliamente a miles de jóvenes, especialmente a jóvenes de ascendencia africana. Es muestra de su profundo interés en sus propias raíces africanas, en la historia y el legado de la esclavitud, y en las luchas de los pueblos de sus tierras nativas históricas.

Cuarto. Fue esta sed de conocimiento a la cual respondió el destacado líder norteamericano Malcolm X, hace unas cuatro décadas, cuando se dirigió a aquellos cuya conciencia se estaba transformando profundamente a través de la lucha de masas del pueblo negro que acabó con el sistema de segregación racista —parecido al apartheid— en el Sur de Estados Unidos. En uno de sus discursos más famosos, que Pathfinder ha publicado en inglés como *Malcolm X on Afro-American History* (Malcolm X sobre la historia afroamericana), él hace un poderoso llamado a los afroamericanos a que aprendan y se sientan orgullosos de sus raíces africanas y de los aportes de sus antepasados, cuyas manos fueron "las manos que forjaron la civilización".

Para terminar, espero que, ante todo, la presencia aquí de los libros de Pathfinder y de sus representantes —quienes mostramos, nosotros mismos, la diversidad de los orígenes históricos de los pueblos de Estados Unidos— les ayudará a tener una comprensión más a fondo de las diferenciaciones políticas, históricas, sociales y de clases de la realidad de Estados Unidos.

Espero que nos llevemos un nuevo conocimiento de vuestra historia y realidad actual, y que lo podamos transmitir a un buen número de personas en Estados Unidos y por todo el mundo.

Y esperamos que las actividades que vamos a compartir con ustedes en los próximos días lleven a nuevos intercambios aún más provechosos en el futuro.

IZQUIERDA: *De la sierra del Escambray al Congo* por Víctor Dreke. "No se asusten por esta fotografía en la portada", dijo Dreke a estudiantes en la feria del libro. "Yo fui un joven igual que ustedes, que comencé la lucha a los 15 años". En la foto se ven "obreros, campesinos y jóvenes que luchaban" a comienzos de los 60 contra bandas contrarrevolucionarias en el Escambray.

ABAJO: Trabajadores en La Habana retiran las placas del Banco de Boston, de propiedad norteamericana, que el gobierno revolucionario acababa de nacionalizar en medio de una movilización masiva de cientos de miles, agosto de 1960.

GRANMA

La experiencia de Cuba está a su disposición

por Víctor Dreke

Queremos expresar nuestro reconocimiento, a nombre de los cubanos en Guinea Ecuatorial y del pueblo de Cuba, por esta magnífica actividad que se da por primera vez en este querido país.

En 1966 tuve la oportunidad de conocer a los primeros ecuatoguineanos que se encontraban exilados en Guinea-Conakry, cuyo presidente en aquel momento era el compañero Ahmed Sékou-Touré. Yo jamás nunca pensé que vendría aquí y presentaría un libro en su país, ya libre e independiente.

El 1 de octubre del año 2003, cuando llegamos ya oficialmente como embajador de Cuba ante el gobierno de

---

Palabras ofrecidas el día inaugural de la Primera Feria del Libro de Guinea Ecuatorial por Víctor Dreke, embajador de Cuba ante Guinea Ecuatorial, al presentar De la sierra del Escambray al Congo: En la vorágine de la Revolución Cubana, *publicado por Pathfinder en español e inglés. El discurso se publicó originalmente en el* Militante, *12 de diciembre de 2005.*

Guinea Ecuatorial, nos dimos a la tarea de poner todo lo posible a favor del pueblo y del gobierno de Guinea para ayudar en lo poco que pudiera ayudar nuestro pueblo y nuestro gobierno. Y este libro, que se presenta aquí por primera vez públicamente, fue entregado personalmente por mí al honorable señor presidente [Teodoro] Obiang.

Qué alegría hace unos días, el 12 de octubre, cuando se celebraba el aniversario 37 de la independencia de este país, y el señor presidente nos decía, "Me leí el libro y me gustó".

Vamos a hablar un poco del libro. No se asusten por esta fotografía en la portada. Los tiempos han cambiado. Yo fui un joven igual que ustedes, que comencé la lucha a los 15 años. Era un negrito de barrio, de un barrio pobre y humilde con casas de piso de tierra. Allí yo nací. Pero la situación que había en aquel momento exigía luchar contra una dictadura —la dictadura de Batista— y eso lo leerán en el libro.

Ingresé al movimiento, mientras estudiaba y trabajaba, y comencé la lucha revolucionaria. Pasó el tiempo. Sufrí prisiones y tuve que salir clandestinamente de mi ciudad, irme a las montañas y unirme a las fuerzas revolucionarias.

En 1959 triunfó la Revolución Cubana. Y con 20 años de edad, al triunfo de la revolución, tuve que desempeñar diversas responsabilidades, que aquí se señalan en el libro. El título que le buscamos al libro es *De la sierra del Escambray al Congo: En la vorágine de la Revolución Cubana*. Porque todos los días había algo nuevo en la revolución. Habíamos triunfado pero todavía parte del ejército de Batista existía, aunque el resto había sido derrotado por nuestras tropas, por el pueblo. Todos los días el pueblo de Cuba era atacado.

Y al final el gobierno de Estados Unidos —lo voy a decir bajito aquí, para que nadie se asuste o se ofenda— desembarcó grupos de mercenarios, quienes se alzaron en casi todas las provincias de Cuba, en ese momento seis provincias.

Aquí hay compañeros que han estudiado en Cuba y que saben que en aquel momento era un país de 6 millones —11 millones ahora—, un país de 110 mil kilómetros cuadrados, pequeñito, defendiéndonos de aquel ataque.

En esta foto que aparece aquí en la portada, las personas presentes eran obreros, campesinos, estudiantes y otros jóvenes que luchaban para mantener el triunfo de la revolución. Fue muy importante y muy fuerte esta lucha que venció a los mercenarios.

En 1965 tuvimos la gran oportunidad que nos dio la revolución, que nos dio Fidel, de poder venir al continente africano —a Congo-Léopoldville, actual República Democrática del Congo— a combatir junto con el comandante Ernesto Che Guevara y un grupo de 130 compañeros cubanos bajo las órdenes del movimiento de liberación del Congo en aquel momento.

En los países donde hemos estado —en aquella época como combatientes, o ahora ayudando al desarrollo del país— la Revolución Cubana ha tenido y seguirá teniendo presente un principio: los que mandan son los ciudadanos de ese país. Siempre hemos respetado las decisiones de los ciudadanos del país y hemos hecho lo que han dicho, hubiésemos estado de acuerdo totalmente o parcialmente o no de acuerdo. Es el principio del respeto de la soberanía nacional. Por eso, en cualquier actividad en que participe Cuba, ponemos el alma y el corazón, pero en el momento en que la dirección de ese país toma una decisión, nosotros la aprobamos.

Cuando llegamos a Guinea Ecuatorial en 2003, una de las cosas en las cuales pensamos que podíamos ayudar era el desarrollo de la cultura. Llegamos no solamente para ofrecer experiencias, pues no nos creemos ni magos ni sabios. Además no nos gusta hablar de nosotros ni de Cuba. Llegamos para intercambiar y aprender de ustedes, y decirles: aquí está lo poquito que ha hecho Cuba. La experiencia que ha hecho Cuba está a su disposición, la hacen así o no la hacen así. Ese es el principio de la Revolución Cubana. [*Aplausos*]

Estamos hoy muy contentos con esta primera feria del libro. Nosotros también comenzamos así con la primera en La Habana. Ahora hacemos la feria en todo el país. Son millones de libros que se venden en la feria del libro de Cuba, que es una feria internacional.

Ustedes llegarán un día a hacerlo en todo el país también. Han arrancado bien, a nuestro criterio, porque lo han hecho con firmeza y en un centro con la juventud.

¿Qué hicimos nosotros en nuestra primera feria? Pues, antes de que terminara, ya estaba formado el comité que iba a hacer la segunda feria y estaba convocada la segunda feria. Y así continuamos.

Nuestro pueblo, como ustedes y como todos los pueblos, tiene una cultura histórica. Pero la cultura es como la planta: hay que abonarla, echarle agua para que siga adelante; si no, va desapareciendo. En nuestro país, que había sido dirigido muchos años por el capitalismo, había que llevar la cultura a las masas, y el gobierno de Cuba se decidió a desarrollar la cultura.

Pero ¿qué pasaba? Nosotros, un país en aquel momento de seis millones de habitantes, teníamos medio millón de analfabetos. Lo primero que se hizo fue la alfabetización de todo el pueblo para que pudiera leer.[3] O si no ¿para

---

3. Desde finales de 1960 y a lo largo de 1961, el gobierno revolucionario emprendió una campaña para eliminar el analfabetismo. Un aspecto central de este esfuerzo para enseñar a tres cuartos de millón de cu-

quién eran los libros? ¿Quién iba a leer los libros? ¿Los capitalistas, que eran los que ya sabían leer? No. Nos interesaba que los leyeran los jóvenes, y las futuras generaciones, todo el mundo.

Entonces se hizo la campaña de alfabetización. Y el primer libro que se publicó en Cuba después de la revolución —100 mil ejemplares— fue *Don Quijote de la Mancha*, en marzo de 1959. [*Aplausos*]

Por eso, yo digo que si nosotros hemos hecho eso, se puede hacer, y sabemos que ustedes lo sabrán hacer. Y podrán contar con la ayuda de Cuba.

En el caso del Congo —que aparece en el libro, junto con otros lugares donde hemos estado, como Guinea-Bissau— dimos nuestra pequeña participación. Perdimos seis compañeros cubanos que murieron combatiendo en el Congo, y compañeros que han muerto en otros lugares, como ustedes saben.

Ha sido otro principio también de la revolución. Aprovecho para decirlo aquí; el otro día se lo explicaba al señor rector. Aunque algún día estarán lejos, seguimos siendo compañeros. No importa en el lugar del mundo que nos encontremos, seguimos siendo compañeros.

Se lo explicaba también a los compañeros de Pathfinder, que han trabajado mucho. Hicieron un gran esfuerzo para hacer este libro, porque a mí me da un poco de pena, aunque no parezca, hablar de mí. Entonces lo lograron ellos, y por eso los felicito siempre.

Nosotros hemos llegado a muchas partes, como estamos aquí ahora en Guinea Ecuatorial. Tenemos aquí a nuestros

---

banos a leer y escribir fue la movilización de 100 mil jóvenes al campo, donde vivieron con los campesinos y trabajadores a quienes enseñaban. A raíz de esa campaña, Cuba prácticamente eliminó el analfabetismo en un año.

médicos, agricultores y educadores, según los planes que están acordados con el gobierno.

Pero llegará el día que tendrá que producirse lo que nosotros queremos y luchamos para que se produzca: que nuestros médicos, nuestros técnicos de la agricultura, nuestro personal que apoya a Guinea Ecuatorial puedan ser sustituidos totalmente por compañeros ecuatoguineanos. Ese es el trabajo de Cuba y de los profesores nuestros: formarlos a ustedes para que ocupen su lugar.

Queremos que ustedes se puedan dirigir solos. Lo que hace falta es que los pueblos, después de que se les ayude, se puedan desarrollar solos: que tengan sus propios cuadros que lleven adelante sus propios criterios. Es lo que hicimos nosotros en Cuba.

Este libro habla de guerra, de diversas fuerzas, de muchas cosas que han cambiado con los tiempos. Porque ahora estamos en una batalla ideológica —como lo plantea el comandante Fidel Castro—, una batalla de ideas. ¿Y cuál es la batalla de ideas? Alfabetizar al mundo entero. Curar al mundo entero. Mantener los principios nacionales de cada país.

Los que van a Cuba a estudiar saben que, cuando están ahí, celebran su día nacional, y en ese día —le pueden preguntar a la señora Carmela [Oyono Ayíngono], que estudió en Cuba— los estudiantes se ponen sus ropas tradicionales, hacen sus actividades tradicionales. Porque Cuba es su país. No le lavamos el cerebro a nadie.

Y a cambio no nos llevamos nada de África, ni de ningún lugar donde estamos. De África nos hemos llevado para Cuba solo dos cosas. A nuestros muertos, a los más de dos mil cubanos que han perecido combatiendo en varios países de África.[4] Y nos hemos llevado el corazón de

---

4. Ver nota en la pág. 71.

la mayoría de los africanos. [*Aplausos*]

Pero ni el petróleo ni nada más. Cuando fuimos a Angola jamás le pedimos una gota de petróleo. No fuimos allí por eso. Fuimos porque Angola necesitaba el apoyo de las fuerzas cubanas para que el apartheid no siguiera maltratando y aplastando al país. Y a otros lugares hemos ido porque era necesario.

Ahora hay más de 500 médicos cubanos en Guatemala. No hemos ido ahí a buscar los productos de Guatemala, sino a ayudar a los guatemaltecos ante la desgracia que tienen las secuelas del huracán Stan. Y en estos momentos, médicos cubanos están avanzando con ayuda hacia Pakistán, a pedido del gobierno de allí después del terremoto.[5]

Y a Guinea Ecuatorial tampoco vinimos a buscar nada, solo el corazón de ustedes, porque somos hermanos de ahora y de siempre. Es importante decir esto para los jóvenes, porque algunas veces preguntarán, ¿qué viene a hacer esta gente? A dar lo poco que tenemos junto a ustedes.

Qué alegría tengo de ver cómo ha progresado Guinea Ecuatorial. No es la Guinea que yo conocí en el año 2000 cuando llegué aquí por primera vez al aeropuerto de Malabo, bajo un torrencial aguacero, y no había luz. Veía allí a dos compañeros con una lucecita alumbrando para ba-

---

5. La misión médica cubana en Guatemala comenzó en 1998 tras el paso del huracán Mitch, que mató a más de 200 personas en Guatemala y a varios miles en Honduras, Nicaragua y otros países. En respuesta al huracán Stan en octubre de 2005, cientos de médicos cubanos adicionales volaron a Guatemala para brindar ayuda de emergencia a cerca de medio millón de personas. La mayoría se hospedaron en hogares de pacientes.

En respuesta al terremoto que sacudió a Pakistán en octubre de 2005, dejando un saldo de 75 mil personas muertas, el personal médico cubano ofreció sus servicios, cumpliendo su misión mayormente en comunidades montañosas aisladas y ofreciendo tratamiento a más de un millón de pacientes.

jarnos en el aeropuerto. Ese no es el aeropuerto de Malabo de ahora. Se ha desarrollado.

Y qué otra alegría tenemos de que ya tienen una facultad de medicina. A veces los periódicos no hablan de eso. Hablen de la facultad de medicina y de los médicos que se están formando allí, y de los más de 50 estudiantes de sexto año de medicina, que en las próximas horas llegarán de Cuba acá. ¡De eso hay que hablar! Porque es la vía del futuro de Guinea Ecuatorial. [*Aplausos*]

En Cuba, al triunfo de la revolución, nosotros teníamos seis mil médicos, y nos quedamos con tres mil, porque los "amigos" que viven a 90 millas de nosotros —lo diremos bajito para que no se enteren; ¡todo el mundo sabe quiénes son!— se nos llevaron tres mil médicos, y nos quedamos con tres mil. Y hoy tenemos 67 mil médicos o más.

Nos damos el gusto de decir que tenemos casi 20 mil médicos en Venezuela. Y tenemos médicos que han ido a Guatemala. El avión no pudo entrar a Guatemala; tuvo que quedarse en Honduras por las condiciones causadas por la tormenta. Ellos salieron por carretera y todavía hay médicos que no han llegado a su destino porque los ríos no dan paso. Son 500 médicos, con sus mochilas al hombro, jóvenes como ustedes. Guatemaltecos que se habían graduado de la Escuela de Medicina en Cuba se unieron al grupo, por supuesto, para responder a la situación de su país.

Todo esto, ¿qué es? Es cultura. Cada cual emplea la palabra que quiera, pero es cultura. Porque la cultura es inmensa, con tantos lugares donde se desarrolla y métodos de desarrollarla. Es lo más importante que tiene un pueblo.

Cuando el pueblo no es culto, sencillamente no puede ser un pueblo libre. Por eso entendemos la frase del presidente Obiang, cuando les dice que más vale un pueblo culto que un pueblo rico. Es verdad, es una riqueza que jamás se las podrán quitar a ustedes.

Me emocionó mucho la poesía lindísima de la compañera Carmela. Carmela es parte de Cuba, como yo soy parte de África.

¿Por qué soy parte de África? Porque tuve la oportunidad de venir a África y sudar junto con los africanos, porque tuve la oportunidad de cargar africanos y de ver africanos cargando a nuestros muertos en el Congo y en Guinea-Bissau. Por eso yo soy parte de África, como ustedes, los que estudian en Cuba, son parte de Cuba. Su primer país es Guinea Ecuatorial, pero tienen un pedacito de Cuba. Su corazón está en Cuba, como el corazón nuestro está en África.

Entonces, este libro lo leerán los jóvenes, y quizás un día se produzca una reunión, y les podremos explicar detalles y dudas que tengan aquí.

Queríamos agradecerles nuevamente a ustedes, al rector, a la dirección organizativa de este evento. Es un evento que marca la pauta a seguir.

DEL PERÍODO DE PREGUNTAS
Y RESPUESTAS

PREGUNTA: Nuestro hermano Fidel Castro, en su arenga contra el imperialismo, siempre dice que el cubano tiene "la fuerza del negro, la astucia del indio y la mala leche[6] del español". ¿Podría comentarnos al respecto? [*Risas y aplausos*]

DREKE: Es verdad que tenemos las tres cosas. Los indios existían en Cuba, pero desaparecieron, porque los que dicen que nos descubrieron en 1492 liquidaron a todos los

---

6. Mal carácter.

indios. Los que nos invadieron y nos colonizaron —por suerte, o por desgracia— fueron los mismos que los colonizaron a ustedes.[7] ¿Y qué tenemos de los negros? Todo. El 10 de octubre de 1868 —por eso, este mes de octubre es importante— se alzaron los cubanos en armas contra el gobierno colonial español. El que lideró este alzamiento fue Carlos Manuel de Céspedes, y junto con ellos se alzaron un gran grupo de esclavos. Céspedes les dio la libertad a estos esclavos. Eran los negros africanos que habían mandado para Cuba en aquellos años. Entonces se unieron. Esa es la fuerza de los negros que tenemos nosotros.[8]

Y la mala leche —tenemos que decirlo como ustedes, porque en Cuba eso es una mala palabra, pero aquí parece que no, así que me permiten las compañeras la palabra que voy a emplear—, la mala leche la tenemos porque durante años hemos tenido que enfrentarnos al imperialismo. En 1902, cuando se dice que éramos libres e independientes, no éramos libres: nos impusieron lo que se llama la enmienda Platt, una ley que daba la potestad al gobierno de Estados Unidos de intervenir en Cuba cada vez que le diera la gana. Tuvimos que rebelarnos contra eso.

Después pusieron a sus títeres, a Batista y a otros antes de Batista. Hasta que el día 1 de enero de 1959 triunfó la

---

7. La historia de estas dos colonias españolas está interrelacionada. A partir de 1866, las autoridades coloniales utilizaron la isla de Bioko en Guinea Ecuatorial, conocida anteriormente como Fernando Poo, como colonia penitenciaria para centenares de presos políticos cubanos.

8. De 1868 a 1898, los cubanos libraron una serie de guerras para independizarse de España. La primera, la Guerra de los Diez Años, fue desde 1868 hasta 1878; fue seguida por la "Guerra Chiquita" en 1879–80. La guerra final de independencia se libró de 1895 a 1898, llevando al fin del dominio colonial español. Fue seguida inmediatamente, sin embargo, por la ocupación militar norteamericana del país.

revolución, con Fidel Castro al frente. Y desde que triunfó la revolución, han querido aplastarnos. Nosotros somos respetuosos, pero no nos vamos a dejar aplastar nunca, ni nos vamos a cruzar de brazos nunca. Ahora las cosas han cambiado y son libros… Que si no, ojalá que no, pero… Bueno, no quiero decir muchas cosas, porque luego dirán que estoy llevando a un acto subversivo aquí. [*Risas y aplausos*] Ahora nos estamos enfrentando a más de cuatro décadas de bloqueo total. Pero a pesar de eso, lo que tenemos posibilidad de hacer, aquí lo estamos haciendo con ustedes.

Tenemos que defendernos, como ustedes se defendieron en marzo del año pasado del intento de golpe de estado de los mercenarios.[9] Da la casualidad que vivimos cerca de un lugar que ustedes conocen… Dijimos que no íbamos a hablar de política. [*Risas*] Los que venían en esa conspiración eran sudafricanos, los sudafricanos que no son amigos nuestros. Los que están en el poder, como Nelson Mandela, sí son diferentes. Ellos son amigos nuestros. Pero hay otros, los que los angolanos y los cubanos derrotamos en Cuito Cuanavale y a los que les quitamos su fama de guapos y de ser el mejor ejército del mundo después de los norteamericanos.

Y posiblemente los sudafricanos que venían en esa conspiración contra ustedes, si hubieran tenido éxito, les habrían pasado la cuenta a los pobrecitos cubanos que están

---

9. En marzo de 2004 fue abortada una intentona golpista contra el gobierno de Guinea Ecuatorial cuando mercenarios sudafricanos y de otros países fueron arrestados en Zimbabwe y en Guinea Ecuatorial. En junio de 2008 el mercenario británico Simon Mann fue declarado culpable y condenado por un tribunal ecuatoguineano a 34 años de cárcel por su papel en el complot en el que Mark Thatcher, hijo de la ex primer ministra británica Margaret Thatcher, también estuvo implicado.

"En África estamos acostumbrados a ser víctimas de otros países que quieren desgajar nuestro territorio o subvertir nuestra soberanía", dijo Nelson Mandela al agradecer a Cuba por su ayuda en la lucha de liberación en Angola y otros países africanos. "En la historia de África no existe otro caso de un pueblo que se haya alzado en defensa de uno de nosotros".

ARRIBA: Combatientes internacionalistas cubanos construyen camino en Angola, 1988, para permitir que los convoyes de soldados realizaran ofensiva que expulsó del país a las tropas invasoras del apartheid sudafricano. Esa victoria ayudó a apresurar el fin del régimen supremacista blanco. **ABAJO:** Mitin en Durban, Sudáfrica, 1991, durante auge revolucionario que derrocó al régimen del apartheid.

La experiencia de Cuba está a su disposición 109

aquí, a los médicos cubanos que no son militares y no tienen armas; ni cuchillos tenemos siquiera. El asunto es que tendrían que matarnos. Podrían venir esos sudafricanos, no solo a pasarle la cuenta al gobierno de Guinea Ecuatorial sino aprovechar y pasársela a los cubanitos que estén aquí. Ellos dirían: esos fueron los que nos hicieron correr en Angola. ¡Sí, corrieron bastante, delante de los angolanos, y nosotros junto con los angolanos! Esa es la realidad.

Entonces la mala leche es para los enemigos. Nosotros ofrecemos corazón y flores para todo el mundo.

CUARTA PARTE

Cuaderno de reportera

MARTÍN KOPPEL/MILITANT

En la época de las tres guerras independentistas cubanas contra España, entre 1868 y 1898, Madrid utilizó la isla de Bioko (antes llamada Fernando Poo) como colonia penitenciaria para los luchadores libertarios cubanos.

FOTO: El embajador cubano Víctor Dreke y Mary-Alice Waters, en 2008, junto a la placa en el puerto de Malabo: "En memoria de los cubanos deportados en el siglo XIX a la isla de Fernando Poo".

Cuaderno de reportera

por Mary-Alice Waters

Durante ambos viajes de dos semanas a Guinea Ecuatorial, en 2005 y en 2008, Mary-Alice Waters escribió un diario de actividades y observaciones en forma de cartas a la dirección del Partido Socialista de los Trabajadores.

Muchos de los sucesos sobre los que escribió se incorporaron posteriormente a los artículos del Militante *aquí incluidos. Otras anotaciones ampliaban sobre esas actividades, o abordaban aspectos del viaje que trascendían el alcance de los artículos preparados para el semanario.*

Los fragmentos de los informes diarios de Waters se publican aquí por primera vez.

Sus cartas a menudo se refieren a "nosotros". La delegación de 2005 también incluyó a Arrin Hawkins, Martín Koppel, Jonathan Silberman y Brian Taylor; en 2008 los otros miembros de la delegación fueron Martín Koppel, Omari Musa y Brian Taylor.

OCTUBRE DE 2005

10 de octubre de 2005

Al llegar, unos cuantos compañeros nos esperaban en el aeropuerto de Malabo, y nos guiaron con presteza por la aduana y migración. En el equipo de bienvenida estaban [el embajador cubano ante Guinea Ecuatorial Víctor] Dreke y a [la primera secretaria de la embajada] Ana [Morales]. Cargaron todo en un par de furgonetas y un SUV y nos llevaron a una casa muy cómoda donde vamos a estar alojados como huéspedes de la universidad. Tras un brindis por el comienzo de nuestra visita, nos montamos todos al SUV con Dreke y Ana para hacer un recorrido inicial de Malabo.

~

Esta mañana fuimos a la Universidad Nacional de Guinea Ecuatorial para reunirnos con la vicerrectora y la decana del recinto de Malabo. Nos dijeron que hay cerca de 400 estudiantes matriculados en los cursos universitarios aquí este año.

La vicerrectora, Trinidad Morgades, es una lingüista cuya lengua materna es el pidgin english (pichinglis). Sostuvimos una conversación muy interesante con ella. Describió el pidgin como lengua "de contacto" que surgió de la historia de la esclavitud, en este caso contacto entre el pueblo de lo que hoy es Sierra Leona y los británicos, quienes trajeron esclavos de esa región a lo que hoy día es Guinea Ecuatorial. Ella quería asegurarse de que comprendiéramos que la trata de esclavos se llevó a cabo no solo entre África y el Nuevo Mundo, sino también dentro de África. Con relación al aspecto lingüístico, trazó un paralelo con lo que hoy constituyen las llamadas lenguas romances de Europa occidental, las cuales nacieron de la subyugación de los pueblos de esas regiones por el imperio romano de habla latina y la homogeneización de esos pueblos a través de la resistencia a esa subyugación.

¡Qué placer recibir de su parte una introducción a Guinea Ecuatorial!

Ella se sorprendió al enterarse que habíamos venido de Estados Unidos y del Reino Unido para participar en la feria del libro. Al comienzo de la reunión, había tenido la impresión que éramos cubanos, y dijo que no sabía que hubiera gente como nosotros en Estados Unidos que defendía la Revolución Cubana. Nosotros también nos quedamos un poco sorprendidos, pero todos nos reímos y recobramos la compostura.

Salimos mañana temprano para volar a Bata, en el continente, y viajaremos por carretera a Evinayong el miércoles para los festejos del Día de la Independencia, un viaje de unas tres horas, según nos dicen.

12 de octubre de 2005
El vuelo a Bata duró unos 40 minutos. Era uno de varios vuelos chárter especiales que llevaban al personal diplomático y del gobierno, y a otros que iban a la celebración del Día de la Independencia.

Esta tarde fuimos los invitados para la cena con un empresario en Bata, un guineano que está "enamorado de Cuba", según nos dijo.

Las contradicciones abundantes —para nosotros— son iluminadoras. En el curso de la velada nos contó, con orgullo y risas, de sus 14 hijos y cuatro o cinco esposas. Dijo bromeando que una de sus hijas anunció que cuando ella se case, no va a aceptar un esposo que tenga otras esposas. Se veía claramente que estaba orgulloso de ella, aunque dijo que ella todavía no entiende. Por otra parte, puede que él no perciba lo que está por venir tan bien como lo entiende ella.

Este empresario ha hecho un par de viajes a Cuba, yendo por todas partes y firmando varios contratos de negocios. Dijo que deseaba que Guinea Ecuatorial pudiera obtener una "infusión de sangre cubana" (para aumentar la disciplina y la alegría). Habló con admiración y agradecimiento de los médicos y maestros cubanos en Guinea Ecuatorial y en otros países de África. Cuando le pregunté qué le había motivado examinar más de cerca a Cuba, me respondió contándonos que él había cursado estudios aquí cuando se logró la independencia en 1968. Poco después, todos los maestros, en su mayoría españoles que pertenecían a distintas órdenes católicas, abandonaron el país, dejando a estudiantes como él sin posibilidad de continuar su educación. Cuando Cuba empezó a mandar maestros en 1972, se reanudó la enseñanza, pero el "método" era diferente, dijo, y eso es lo que lo atrajo hacia Cuba.

Él es fang, uno de los principales grupos poblacionales bantúes en Guinea Ecuatorial, Gabón y Camerún. Comentó sobre lo absurdo de las fronteras trazadas por las potencias imperialistas, que pasan por alto las verdaderas rutas comerciales y los lazos tribales y lingüísticos. El fang, dijo, no se imparte en las escuelas y casi nada se escribe en fang (excepto la Biblia, que ha sido traducida por misioneros católicos), pero es el idioma que se usa en el hogar y en la vida cotidiana, el único idioma de mucha gente.

Bata parece una ciudad mucho más grande que Malabo, rebosante de vida callejera. El legado de la colonización europea parece más débil; no fue sino hasta 1926 que España tomó pleno control de la Región Continental. La mayoría de la población de Guinea Ecuatorial vive aquí en el continente.

Mañana salimos para Evinayong a las 6:00 a.m.

14 de octubre de 2005

La primera hora del viaje de Bata a Evinayong fue por carretera pavimentada, que ascendía hacia el este, cruzando la sierra costeña. Las dos horas siguientes fueron por un terraplén bastante bien nivelado (a veces fangoso) rumbo al sur y un poco al este de Evinayong, capital de la provincia Centro-Sur. Durante unos cinco meses han estado trabajando para ensanchar esa sección del camino, en preparación para asfaltarlo. Evinayong tiene unos 35 mil habitantes, según nos dicen.
Yendo hacia el sur pasamos al lado del Monte Alén, uno de los pocos destinos turísticos aquí. Podíamos ver el hotel desde el camino. Los occidentales vienen aquí a buscar gorilas montañeses y otra flora y fauna en peligro de extinción. Uno de los funcionarios de la prensa guineana que viajaban con nosotros había comentado anteriormente, con cierta amargura, sobre los numerosos no africanos que vienen aquí preguntando por los elefantes del bosque. "Todo el mundo viene aquí preguntando por los elefantes", recalcó. "¿Y nosotros qué?" El odio antiimperialista aflora de muchas formas.

~

Los festejos por el Día de la Independencia han estado en proceso unos cuantos días, y la marcha en Evinayong era el evento final.
El desfile de tres horas resultó bastante interesante en sí. Pasaba un contingente tras otro, empezando por los distintos servicios militares, entre ellos la marina, unidades de la seguridad nacional y los cadetes de los distintos servicios, con helicópteros que sobrevolaban. Había unas cuantas mujeres en cada contingente, y más entre los cadetes. Después de los contingentes militares siguieron varias columnas de muy animadas "esposas de los militares".

MARTÍN KOPPEL/MILITANT

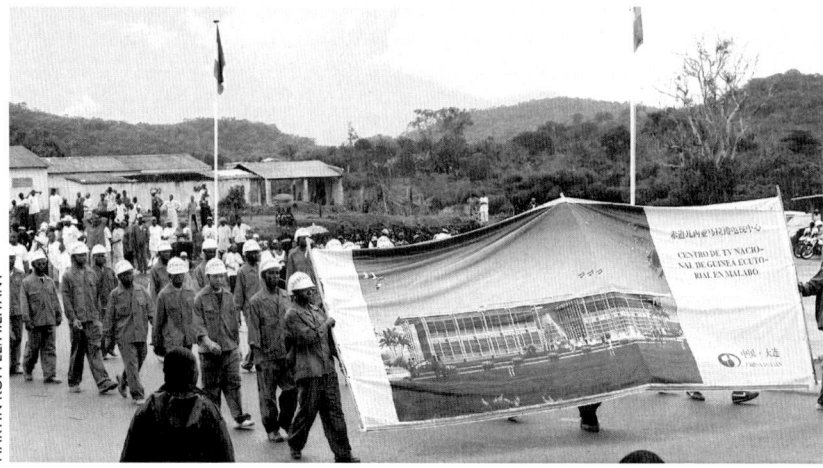

Desfile del Día de la Independencia en Evinayong, 12 de octubre de 2005. **ARRIBA:** "Un contingente grande de trabajadores de la construcción que marcharon con uniforme de trabajo azul y cascos de seguridad blancos" era precursor de "un proletariado que está naciendo". **ABAJO:** Los numerosos y grandes contingentes femeninos "eran con mucho los más vivaces y los que mostraban más confianza".

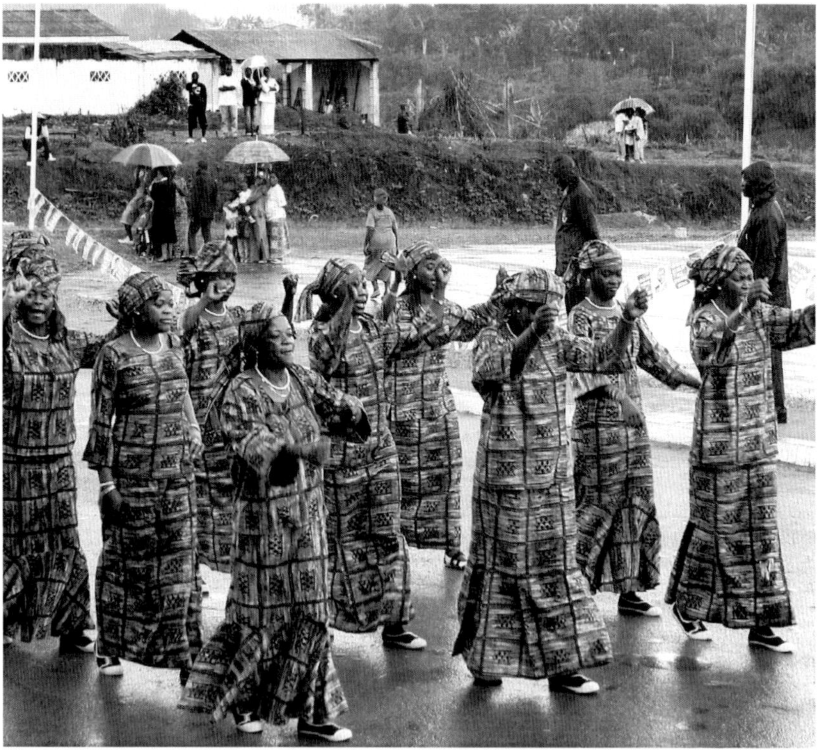

MARTÍN KOPPEL/MILITANT

(No tenemos forma independiente de estimarlo, pero una de las cuestiones que a menudo se plantea aquí es la importancia del ejército como factor de unidad nacional, abarcando todas las tribus y los clanes). Los contingentes femeninos durante todo el desfile resultaron ser de los más interesantes. Me recordaron la foto en la portada del libro de Pathfinder que contiene el discurso de Tomás Sankara sobre la emancipación de la mujer y la lucha africana por la libertad. Organizados por provincia y por ciudad, cada uno de los contingentes de la asociación de mujeres lucía faldas o vestidos de la misma tela, y la prenda de cada contingente era de un patrón distinto. Ellas eran con mucho las más vivaces y las que mostraban más confianza, coreando y cantando y bailando al pasar frente a la tribuna de revista. (Le pregunté a alguien de dónde procedían esas telas, pero no recibí una respuesta clara. No se cultiva algodón en Guinea Ecuatorial, ni existe fábrica de textiles, sino que la tela se produce en varios países de la antigua África occidental francesa, como Camerún, Gabón y Senegal).

Entre los contingentes más grandes estaban los que representaban al partido de gobierno, el PDGE (Partido Democrático de Guinea Ecuatorial), organizado municipio por municipio. También otros partidos pertenecientes a la coalición gubernamental marcharon con sus propias banderas. Había además contingentes de las organizaciones de los jóvenes y de los niños. La primera dama, Constancia Mangue de Obiang, es su madrina.

Los últimos contingentes eran los de los empleados guineanos de las diversas empresas internacionales que son la base de la industria petrolera, y otras compañías dedicadas a la construcción de carreteras y puertos y demás componentes de la infraestructura necesaria para sostener el nivel actual de operaciones capitalistas extranjeras.

Había contingentes de empleados de todas las empresas petroleras, entre estas: ExxonMobil, Chevron, Amerada Hess, Marathon, etcétera; la compañía telefónica, que es de propiedad francesa; la empresa de gas y electricidad (no estoy segura quién es el principal dueño); un contingente grande de trabajadores de la construcción que marcharon con uniforme de trabajo azul y casco de seguridad blanco, portando enormes pancartas con imágenes de los hoteles y los edificios estatales que están construyendo así como de los complejos de apartamentos que se proyectan. Estos los construyen empresas de la República Popular China. Entre todos estos contingentes, solo vi tres rostros blancos.

Aparte de la asociación de mujeres, me pareció que estos contingentes de trabajadores eran los que se mostraban más llenos de orgullo y de confianza. Está prohibido que los trabajadores se sindicalicen, como también están proscritas las huelgas, sin embargo ¡hay indicios iniciales de un proletariado que está naciendo!

Todos nos dicen que hay muy pocos guineanos que trabajan en las plataformas petroleras, lo cual no sorprende. Pero obtener un trabajo en Punta Europa, como se denomina el enclave y parque industrial norteamericano cerca de Malabo, o en cualquiera de las empresas extranjeras, es un premio muy codiciado: por los salarios, la capacitación y otras oportunidades que se presentan. Sin duda, los que tienen el mayor nivel de educación son quienes obtienen esos trabajos. En el vuelo de regreso de Bata ayer, algunos de nosotros conversamos con guineanos que habían marchado en Evinayong como parte de esos contingentes de trabajadores: uno en la construcción, dos en el petróleo y gas natural, y un cuarto que trabaja para la compañía de electricidad. El electricista le dijo a Martín que había vivido 22 años en España, por un tiempo en Estados Unidos —creo que en Los Ángeles—, y ahora estaba de regreso aquí.

Durante el período previo a la celebración del Día de la Independencia del 12 de octubre, se destacó mucho la inauguración de una nueva torre de telefonía celular GSM en el pueblo de Nsork-Mbatung, en la región sureste del país; el pueblo además estaba celebrando unas calles recién asfaltadas y un nuevo alumbrado de calles. Eso no es de sorprender, pero cabe apuntarlo. Nos dicen que ya se están trazando planes para la electrificación del país mediante la generación hidroeléctrica, en cooperación con Camerún y Gabón. Viajar en auto de Bata a Evinayong es como observar una vista panorámica rodante de "Nuestra política comienza con el mundo".[1] No hay electricidad, salvo la que producen unos pocos generadores pequeños a nivel local. Numerosos guineanos nos han señalado el contraste entre Punta Europa —que, vista de noche a distancia, parece una ciudad moderna imperialista donde nunca se apagan las luces— y la ciudad de Malabo al otro lado de la bahía, con calles sin pavimentar, a oscuras y con apagones frecuentes.

El segundo fenómeno notable era la ausencia de terrenos cultivados en el campo. Muy literalmente, no pasamos ni uno solo en seis horas de andar por zonas rurales. Les hemos preguntado a varias personas, y todas nos confirman que es así. Los alimentos básicos, según nos dijeron, son el plátano, la malanga y la cassava, que crecen con muy poco esfuerzo. La gente planta un árbol acá y allá, o mete unos cuantos tallos en la tierra cercana; cría unas cuantas cabras o a veces gallinas en el patio, caza monos y otros

---

1. La contraportada de *Nueva Internacional* no. 7, cuyo artículo principal es "Nuestra política comienza con el mundo", por Jack Barnes, muestra una foto de satélite de "La Tierra de noche", que capta de manera austera la brecha que existe en el consumo de electricidad entre los países imperialistas de Europa y Norteamérica, y los de Asia, África y Latinoamérica. Ver la foto en la página 88.

CORTESÍA DE ALEIDA MARCH

CORTESÍA DE ALEIDA MARCH

En 1965, dice Víctor Dreke, "tuvimos la gran oportunidad que nos dieron la Revolución Cubana y Fidel Castro de poder venir a África a combatir junto con el comandante Ernesto Che Guevara y un grupo de 130 compañeros cubanos bajo las órdenes del movimiento de liberación del Congo".

ARRIBA: Desde la izquierda, Fidel Castro, Víctor Dreke y Che Guevara (disfrazado), cuando Guevara y Dreke se preparaban para partir al Congo para apoyar a las fuerzas antiimperialistas, abril de 1965. La foto aparece en la contraportada de *De la sierra del Escambray al Congo*.
ABAJO: Dreke (*izquierda*) y Guevara (*derecha*) en el Congo varios meses después, junto al médico cubano Rafael Zerquera.

pequeños animales de la selva, y pesca. Los mercados en Bata y en Malabo, donde vive la mayoría de la población, rebosan de personas que venden pequeñas cantidades de esos comestibles: una docena de malangas o cebollas, nadie tiene mucho. No obstante, muchos alimentos son carísimos. En Malabo compramos una cebolla, importada de Camerún, por el equivalente de un dólar. Y nuestro chofer guineano nos aseguró que no estábamos pagando una prima de turista.

Pensábamos que tendríamos parte de un día para ver un poco de Bata antes de volver a Malabo, pero el vuelo chárter en que regresamos salió por la mañana. Los tripulantes eran sudafricanos de habla afrikaans que hacían todos los anuncios de seguridad —y otros más— ¡solo en inglés!

15 de octubre de 2005

Dreke y Ana nos acompañaron a una reunión con Carlos Nse Nsuga, rector de la Universidad Nacional de Guinea Ecuatorial. Gran parte de la discusión se enfocó en las preguntas del rector de por qué habría personas en Estados Unidos interesadas en Cuba o en África. Dreke dio una muy buena presentación sobre la política proletaria internacionalista de Cuba en África durante más de cuatro décadas.

Cuando le di al rector un ejemplar del libro de Dreke, *De la sierra del Escambray al Congo*, le llamó la atención la foto de la contraportada. Reconoció a Che Guevara y a Fidel Castro. "¿Pero quién es el negro?", preguntó. "¡Soy yo!", contestó Dreke. Por la expresión del rostro del rector, pienso que realmente no sabía. Le hizo muchas preguntas a Dreke sobre su evaluación de lo que pasó en el Congo en 1965 y por qué.

El rector nos dijo que se formó como maestro e ingeniero de aviación, estudió en Guinea Ecuatorial bajo los españoles cuando todavía era colonia y luego en la Unión Soviética. Contrastó los dos países, diciendo que los imperialistas siempre tratan de alentarte —hasta reclutarte— para que dejes tu país natal. En la Unión Soviética los instaban a retornar y aplicar su educación en beneficio de su pueblo.

17 de octubre de 2005
La inauguración de la feria del libro hoy no pudo haber estado mejor.

El programa inaugural de media hora empezó a las 11:00 de la mañana. En la tribuna estaban el rector Carlos Nse Nsuga; Joaquín Mbana, viceministro de educación (quien presenta un libro mañana); Víctor Dreke, embajador de Cuba; Hwangbo Ung Bom, embajador de la República Popular Democrática de Corea; Pedro Ndong Asumu, vicerrector del recinto universitario de Bata; Trinidad Morgades, vicerrectora del recinto de Malabo; y la poetisa Carmela Oyono Ayíngono, quien sentó la pauta sobre la importancia de los libros y de la lectura y ofreció una bienvenida especial a los visitantes de ultramar.

Después de un receso de media hora durante el cual todos los estudiantes permanecieron sentados esperando, empezó la segunda sesión. Había unas 200 personas presentes, con todos los asientos ocupados y los pasillos llenos. Muchos eran estudiantes de secundaria que escuchaban como si se les fuera la vida en ello. El rector, el vicerrector, Dreke, Ana Morales y yo estábamos en la tribuna y la primera presentación fue la mía sobre Pathfinder. Fue bien recibida. Me interrumpieron una vez con un aplauso que me sorprendió, cuando dije que estábamos presentes para subrayar que sí hay personas como nosotros en Estados Unidos que empiezan con el mundo y no con proteger la riqueza y abundancia relativa de recursos que se consumen en los países económicamente más desarrollados.

Al final de la sesión las mujeres —profesoras universitarias en su mayoría— que son el núcleo del comité organizador de la feria del libro estaban realmente contentas. Quizá era en parte porque les gustaron las citas que usé del discurso de Sankara sobre las mujeres de África. Pero no era lo único. Nunca en mi vida recibí tantos abrazos y besos en ambas mejillas. A partir de ese momento se fue disipando toda la tensión y hubo sonrisas en todas partes el resto del día.

La siguiente parte del programa fue una breve presentación de un excelente libro sobre la historia de Guinea Ecuatorial por Rosendo-Ela Nsue Mibui. El hijo del autor, Rosendo-Ela Baby, un empresario que es vicepresidente de la Cámara de Comercio en Malabo, hizo la presentación en lugar de su padre, que estaba en Bata.

Víctor le siguió. Dio una presentación muy buena y, provocando muchas risas, continuaba disculpándose por pasarse de los límites del protocolo diplomático. A la gente le encantó. Lo tenemos grabado y como mínimo vamos a querer publicar extractos en el *Militante*.

El programa terminó como a la 1:00 de la tarde. Después del receso del almuerzo, las mesas reanudaron las ventas hasta las 5:00. Pocas veces hemos visto semejante sed de libros. Probablemente vendimos entre 80 y 100 títulos, incluido uno o más ejemplares de todo lo que teníamos en la mesa. Racionamos las cosas para asegurarnos de tener algunos libros para los próximos días. De lo contrario, casi todo lo que teníamos de Mandela y Sankara se habría acabado.

Hay cuatro profesores cubanos en el recinto aquí en Malabo. Uno dijo que realmente le sorprendió —y le gustó— ver la reacción. No se la esperaba. (Nosotros sí. El grado de la reacción era la única interrogante, y era importante). Varios de ellos nos dijeron que habían oído de la Pathfinder en Cuba pero nunca habían ido a ninguna de las ferias del libro. Tuvieron que venir a Guinea Ecuatorial para al fin ver los libros.

Varios de los estudiantes que están aquí como parte de un programa de intercambio organizado por la Universidad de Arcadia, cerca de Filadelfia, pasaron por la mesa. No les agradó enterarse de que se habían perdido el programa de la mañana. Habían oído que iba a empezar a las 6 de la tarde. Un estudiante vio el número 13 de *New International* en la mesa con el artículo principal, "Nuestra política empieza con el mundo", ¡y nos dijo que lo había comprado en la feria del libro del *Los Angeles Times*! La experiencia aquí lo ha impactado mucho.

¡Qué día! ¡Era ver cómo cobra vida nuestro programa!

18 de octubre de 2005

La feria del libro siguió bien hoy, con dos presentaciones muy buenas por guineanos y una presentación por Ray García, agregado de la embajada cubana, sobre "La historia de la Feria del Libro en Cuba".

Una de las presentaciones guineanas, "El folclore como instrumento de educación y cultura", la dio Rosalía Andeme, una profesora de la universidad y una de las mujeres del comité organizador de la feria del libro. Ella explicó los orígenes de algunos de los bailes y la música guineanos en la resistencia a los traficantes de esclavos y a la opresión colonial, e instó a los estudiantes y otros jóvenes en Guinea Ecuatorial a abrazar su herencia cultural en vez de avergonzarse de ella.

La otra presentación guineana fue la de Joaquín Mbana, el viceministro de educación que había inaugurado la feria del libro ayer. Ha contribuido a un libro titulado *De boca en boca* que trata las creencias populares bantúes. Hubo muchas cosas que ninguno de nosotros entendió, ya que Mbana se refería a costumbres y supersticiones con las que no estamos familiarizados, y empleaba nombres y palabras en fang que desconocemos. Pero hasta donde logré entender, parecía estar introduciendo un poco de materialismo con bastante sentido del humor y habilidad de comunicarse. (A pesar de que dijo discrepar con los que intentan darle a todo una base materialista. Mbana estudió en Alemania Oriental. Cualquier negación estalinista del "materialismo" que le enseñaron sin duda carecía de dialéctica).

Lo más interesante que surgió en la discusión —de cómo la feria del libro cubana ha crecido desde sus modestos inicios— lo planteó un estudiante que no entendía el contenido de las referencias que hizo Ray a la revolución educacional/cultural en Cuba a lo largo de los años. El estudiante identificaba la palabra "revolución" como algo malo, y no bueno, y se necesitó un par de rondas para aclararlo.

Esto tiene mucho que ver con la historia posterior a la independencia de Guinea Ecuatorial y el legado del estalinismo en África (y en el mundo). Es una de las razones por las que al principio había cierto nerviosismo por algunos de los títulos de Pathfinder que habíamos traído, especialmente todo lo que tuviera la palabra "revolución" en la portada, porque es la palabra que Macías usó para describir su dictadura polpotiana.

19 de octubre de 2005

Subestimamos la sed de leer cualquier cosa por [el dirigente sudafricano Nelson] Mandela. Hace más de 15 años que el régimen del apartheid fue derrotado. Resultaba evidente que muchos estudiantes tienen poco conocimiento concreto de eso y están ansiosos por conseguir material que para ellos le dé vida a esa victoria, especialmente escritos de Mandela, a quien se orientan —correctamente— como uno de los grandes dirigentes de los pueblos de África. Al decidir las cantidades relativas de libros que trajimos a la feria del libro aquí, estábamos demasiado influenciados por el hecho que *Nelson Mandela: Intensifiquemos la lucha* y *¡Qué lejos hemos llegado los esclavos!* son títulos de los que hoy día vendemos muy pocos en Estados Unidos y demás países no africanos, incluso en América Latina. Junto con diversos libros de Sankara y *De la sierra del Escambray al Congo* por Víctor Dreke, *¡Qué lejos hemos llegado los esclavos!* era el título del que trajimos las cantidades más grandes. Pero aún así no teníamos nada que se acercara a lo que debimos haber traído.

~

No he tenido tiempo hasta ahora de escribir sobre nuestro viaje a Luba.

Luba se encuentra sobre una magnífica bahía de agua profunda a casi mitad de camino del lado atlántico de la isla de Bioko. De Malabo se tarda más de una hora en coche por un camino en gran parte de tierra. Igual que la carretera a Evinayong, se está pavimentando. En estos momentos Luba es todavía un pequeño pueblo porteño de vida lenta. Estuvimos ahí un domingo, y decenas de mujeres estaban lavando ropa sobre las rocas del arroyo de agua dulce que corre por el pueblo, mientras los niños jugaban y se bañaban.

Según el libro *Macías: verdugo o víctima* por el actual embajador de Guinea Ecuatorial en Gran Bretaña, que fue presentado durante la feria del libro, la Unión Soviética convirtió Luba en una base importante para su flota pesquera atlántica durante la década de la dictadura de Macías. Utilizando redes de arrastre que devastaron las reservas de peces, pescaban y exportaban de forma muy lucrativa grandes cantidades de mariscos frescos. A cambio, a los ecuatoguineanos les proporcionaban pescado que había estado congelado tantos años que ya no cumplía con las normas internacionales para el consumo humano; servía solo como harina de pescado para pienso y fertilizante. Dicen que hubo reacciones severas de salud y algunas muertes, sobre todo entre niños que lo consumieron.

Otro ejemplo horripilante y concreto del legado del estalinismo.

∽

Lo más interesante es lo que está pasando en Luba ahora mismo.

Nuestra primera parada fue la sede de la Luba Freeport Ltd., donde conocimos a Howard McDowall, un escocés de Aberdeen que dijo que está a cargo de un proyecto de 10 años, por valor de 150 millones de dólares, para transformar Luba en un puerto por el que pasarán prácticamente todos los materiales que necesiten las empresas imperialistas involucradas en la extracción petrolera en África Occidental, desde Angola hasta Guinea Ecuatorial, Gabón, Nigeria y cualquier otro país donde descubran petróleo. Estuvimos parados en un escarpado que domina la bahía mientras nos mostraban los caminos y los muelles en construcción, el relleno donde van a construir almacenes, etcétera. Nos dijeron que usarán la bahía, de 50 metros de profundidad, para remolcar y reparar allí plataformas petroleras. "Regresen en dos años y no reconocerán este lugar", dijo McDowall.

La construcción de tal centro estratégico así en una isla cerca de la costa, sin duda lo hace menos vulnerable que en el continente, donde sería accesible a las masas de la humanidad explotada cuya conciencia proletaria está naciendo. Un vistazo más del desarrollo desigual y combinado aquí.

En el período colonial Luba era el centro de la producción y exportación de cacao a Europa. Decenas de miles de nigerianos fueron traídos para trabajar en las plantaciones.

(Me llamaron la atención los indicios de que, como sucedió con la mayoría de los pueblos autóctonos de América, simplemente no se pudo forzar a trabajar a la población bantú de África Central —que se encontraba mayormente en un estado de desarrollo preclasista, preagrícola y de caza y recolección— al menos hasta que fueran separados a la fuerza de su tierra natal y su sociedad. Probablemente es una de las razones por las que llevaron esclavos de las regiones de África Occidental, al norte de aquí —donde la productividad del trabajo y las divisiones de clases estaban más avanzadas— a América y a esta parte de África, como nos describió Trinidad Morgades). La producción de cacao (y de café) se desplomó en los años 70, probablemente debido a unos cuantos factores, entre ellos la caída de los precios de los productos agrícolas, la brutalidad extrema de la dictadura y el aislamiento internacional de Guinea Ecuatorial, la devaluación de la moneda (el franco CFA) y la competencia con Nigeria y otros países cuyo cultivo de cacao era más productivo. También he leído que el gobierno nigeriano pretendía tumbar a la dictadura de Macías con la esperanza de quedarse con los despojos. Hubo un éxodo masivo de trabajadores nigerianos. Eso formó parte de la devastación económica de la época de Macías. Mientras pasábamos por las zonas rurales alrededor de Luba, veíamos por todos lados las plantaciones de cacao abandonadas. Los arbustos crecen silvestres, y algunas familias aisladas recogen cacao a una escala mínima.

El viaje a Luba también nos dio la oportunidad de conocer y hablar con algunos voluntarios médicos cubanos.

Una y otra vez, todos afirman que el paludismo es el problema médico más endémico aquí. Hace un mes la tasa de infección era muy alta, nos dijeron. Más o menos por esa fecha la Marathon Oil sufragó una fumigación masiva en Bioko (quizás en la Región Continental también; me parece que no preguntamos), y los casos de paludismo han bajado muchísimo en las últimas semanas. Nos llamó la atención el hecho que hemos visto muy pocos mosquitos, pero quizás tuvimos suerte al momento de llegar. El clima también ha estado bastante fresco, con cielo nublado y lluvia la mayor parte del tiempo. Todos nos dicen que va a cambiar al empezar la temporada seca dentro de una o dos semanas, y el calor brutal los acompañará hasta mayo próximo. (Uno de los médicos cubanos nos dijo después que no cree que la fumigación con DDT sea un buen método. Los residuos tóxicos causan otras enfermedades, especialmente a los niños. Ellos están a favor de controles biológicos que eliminan la larva, un método más sano, eficaz y duradero. Pero eso requiere un nivel distinto de productividad laboral y organización social. Entretanto, es el DDT lo que salva muchas vidas).

En febrero pasado hubo una epidemia grave de cólera en Malabo. Se extendió a unos cuantos centros más, pero fue contenida bastante rápidamente, en gran parte debido a los esfuerzos eficaces del equipo médico cubano. Entre otros problemas de salud están el SIDA, que no es tan grave aquí como en muchos otros países de África pero es serio y va en aumento; la violencia contra la mujer; y el alcoholismo ("La cerveza cuesta 50 centavos la lata; una botella de agua cuesta 3 dólares", nos dijeron. "Figúrense").

22 de octubre de 2005

El último día de la feria del libro, después de la sesión de clausura, todos salimos a ver un excelente sketch de un grupo de estudiantes de derecho en la universidad. El viceministro de educación, el rector, todo el mundo estaba allí.

ARRIBA: Inauguración de la feria del libro, 17 de octubre de 2005. En la plataforma, desde la izquierda: Carlos Nse Nsuga, rector de la universidad; Pedro Ndong Asumu, vicerrector del recinto de Bata; embajador cubano Víctor Dreke; Hwangbo Ung Bom, embajador de Corea del Norte; y Trinidad Morgades, vicerrectora del recinto de Malabo.

ABAJO: El último día de la feria, estudiantes de derecho realizaron un sketch muy bien recibido en el que apelaban al desarrollo de un conjunto de leyes que aborde las acusaciones de brujería que se llevan ante los tribunales.

El sketch, que duró casi 45 minutos, trataba acerca de la imputación que un hombre le hacía a otro, al que acusaba de la muerte de su hermana en un accidente vehicular. Todas las partes coincidían en que la persona que conducía el coche que causó el accidente en el que murió la hermana era una persona totalmente distinta. Sin embargo, el acusador insistía que la verdadera causa de la muerte de su hermana era una brujería que le había hecho el acusado, un brujo, a quien se debía condenar a muerte.

Muchas cosas del diálogo, alusiones y referencias, que provocaban carcajadas entre los estudiantes y el claustro no las entendimos. Hablaron mucho en fang y bubi, dos de los idiomas africanos más usados. Pero el significado quedaba claro: el materialismo y el imperio de la ley contrapuestos a la superstición y relaciones sociales arraigadas en la sociedad preclasista que impiden el desarrollo moderno de Guinea Ecuatorial. El abogado defensor se ganó un fuerte aplauso por sus palabras de cierre a nombre del acusado, a quien los jueces absolvieron. Después que todo el elenco hiciera la reverencia para agradecer los aplausos del público, uno de ellos leyó una declaración. El objetivo de preparar esa presentación, dijo, era solicitar que el gobierno elaborara un grupo de leyes, que se aplicaran sistemáticamente, con relación a las acusaciones de brujería. Todos nos aseguraron que la presentación era un reflejo de lo que sigue ocurriendo actualmente en la vida guineana y en los tribunales.

Entre los personajes de la obra, el agente de policía, vestido de camuflaje, con boina negra, pesadas botas militares y gafas oscuras, fue presentado como un bruto corrupto y despiadado, una expresión del odio popular hacia la policía, de lo cual hemos visto y oído abundantes pruebas.

Todo el sketch fue muy impresionante y realmente muy bien hecho. Encima de todo, ¡el magistrado era una mujer!

(De los varios cientos de estudiantes en el recinto de Malabo, nos dijeron, unas 30 son mujeres).

~

Otra discusión interesante se dio después de la presentación de Jassellys Morales, tercera secretaria de la embajada cubana, que trató sobre "La mujer negra en la literatura y las artes plásticas del siglo XIX en Cuba". Cuando vi el título en el programa, me pregunté de qué podría tratar. Resultó ser una presentación muy documentada sobre la esclavitud, las relaciones sexuales, el matrimonio y la mezcla racial que es parte de la forja de la nación cubana. (Sin duda aprendí muchas cosas que no sabía). Los temas que se tocaron abordaron cuestiones muy polémicas en Guinea Ecuatorial, donde parejas mixtas que andan por la calle inmediatamente son objeto de comentarios hostiles y mucho más. Aprendimos esto directamente al ir de un lado a otro durante las dos semanas aquí.

Después que Jassellys dio su presentación, la primera pregunta fue, "En Cuba hoy día, si una mujer que no está casada tiene un niño, ¿a quién le pertenece?" Jassellys comenzó a responder como uno pensaría, explicando que un niño no le pertenece ni al hombre ni a la mujer, que el hombre está obligado por ley a reconocer la paternidad y que ambos padres son responsables económica y socialmente por el niño. El decano levantó la mano y pidió el micrófono, diciendo que pensaba que él debía aclarar la pregunta que se había planteado. En Guinea Ecuatorial, explicó, "tenemos dos formas de matrimonio. El que nos impusieron las potencias coloniales. Y el de nuestras propias costumbres. Entre los fang, a quién le pertenece el niño depende de si el precio de la novia ha sido pagado por el hombre a la familia de la mujer. De ser así, a partir de entonces, todo niño que nazca de esa mujer le pertenece al hombre, sin importar quién sea el padre. Si no se ha pagado el precio de la novia, el niño le pertenece a la tribu y al clan de la mujer. Eso es lo que el estudiante preguntaba". *El origen de la familia, la propiedad privada y el estado* de Engels ¡subió marchando al escenario! (¡Y no es la primera vez desde que estamos aquí!) La discusión sobre la segunda pregunta fue igualmente fascinante. Un estudiante preguntó sobre las relaciones sexuales entre negros y blancos en Cuba y si era algo aceptado. Jassellys, quien es mulata, reiteró algunos de los puntos que explicó en su presentación inicial. Luego habló sobre su propia familia, señalando que su esposo es blanco, y que en cuanto a sus padres, abuelos, hermanos y hermanas, primos, tíos y tías, son de todos los matices posibles, de muy oscuros a muy claros. "Esa es simplemente la realidad de lo que somos los cubanos", señaló. "No somos de 'razas' diferentes sino solo de diferentes colores de piel".

25 de octubre de 2005

Antes de la clausura oficial, el último día de la feria del libro hubo un par de sesiones de lecturas de poesía, la presentación de una novela de un escritor de la isla de Annobón y una sesión sobre el tema "La revolución cultural en Guinea Ecuatorial y Cuba". Esta última trató sobre la educación en Guinea actual en comparación con los días previos a la independencia, fue ofrecida por un profesor de la universidad, y una presentación muy buena de Ana [Morales] sobre la Batalla de Ideas en Cuba hoy en día.

Hay dos cosas notables en la historia de Guinea Ecuatorial. Antes de la independencia, por supuesto, la iglesia católica dominaba totalmente la enseñanza. Por lo menos una persona señaló que los únicos libros que habían recibido eran catecismos. Todavía era colonia de la España clerical-fascista de Franco. El gobernador de la provincia de Bioko Sur nos dijo que de niño lo habían incorporado a un grupo juvenil franquista. La erradicación de esas tradiciones de matiz falangista en Guinea Ecuatorial forma parte de los esfuerzos por desarrollar organizaciones y relaciones sociales del período post-independencia.

El otro hecho era el impacto devastador de la partida de todos los profesores después de la independencia, cuando se desató la violencia de la dictadura de Macías no solo contra los extranjeros sino contra prácticamente cualquier residente del país que tuviera cierto nivel de educación. Como nos habían dicho al comienzo de nuestra visita, fue solo con la llegada de los profesores voluntarios de Cuba a principios de los años 70 que se comenzó a establecer un sistema escolar laico post-independencia. No hubo universidad hasta 1995.

26 de octubre de 2005

El miércoles por la noche fuimos invitados a asistir a la reunión del Club Rotario de Malabo en la que el orador fue Leonardo Ramírez, jefe de la cooperación médica cubana en Guinea Ecuatorial. Leonardo dio una presentación sobre lo que se requeriría para organizar la "Operación Milagro"[2] en Guinea Ecuatorial, de forma similar al programa que actualmente se está llevando a cabo en

---

2. La Operación Milagro se estableció en 2004 con un convenio entre Cuba y Venezuela, por el cual miles de venezolanos que padecían de cataratas, ceguera por cataratas y otros problemas de la vista tratables con cirugía láser irían a Cuba para recibir tratamiento sin costo alguno. El programa fue extendido a otros países, y pronto las operaciones las empezaron a realizar médicos cubanos que trabajaban ya no en Cuba sino en los países de origen de los pacientes. Para comienzos de 2008, ya se estaba llevando a cabo la Operación Milagro en 19 países. Más de un millón de personas en América Latina y otras partes del mundo han recibido el procedimiento.

Venezuela y otros países del Caribe.

En Guinea Ecuatorial, la propuesta de las brigadas médicas cubanas consiste en obtener un autobús que pueda equiparse como clínica ambulante para la cirugía láser ocular, a fin de recorrer el país y hacer las 3 mil operaciones que, según se calcula, eliminarían la ceguera por cataratas y otros problemas afines de la vista en cuestión de meses. Calculan que el proyecto entero costaría solamente 100 mil dólares más el precio del autobús.

Esa noche en la reunión se encontraban también miembros del personal diplomático francés, un representante de la Unión Europea y varios hombres y mujeres de negocios prominentes de Malabo. Toda la reunión se llevó a cabo pasando del español al francés y viceversa; y la mayoría parecía entender ambos sin necesidad de traducción.

Cuando Leonardo terminó su presentación, uno de los europeos inmediatamente preguntó, "Usted manejaba la cifra de 3 mil guineanos que necesitan esta operación. ¿Me podría dar el precio para tratar a 10?"

¡No estoy bromeando!

Leonardo fue tremendo. Sin perturbarse, respondió cortésmente que la diferencia entre tratar a 10 personas y acabar con la ceguera por cataratas en todo el país era tan insignificante que no merecía discusión.

Al final, el Club Rotario estableció una comisión para estudiar la propuesta. Preocupación imperialista por la humanidad en acción.

~

Todavía no tenemos las cifras finales, pero vendimos unos 300 libros y folletos, la mayoría por el equivalente de 2 ó 6 dólares, arrojando un total de aproximadamente 500 dólares en ventas (¡menos lo que habría sido una comisión del 20 por ciento por convertir francos CFA en dólares!).

Hicimos una donación de 268 dólares a la universidad. Nos parecía importante hacerlo, pues queríamos subrayar que nuestra presencia allá no era una gestión comercial. El gesto se apreció mucho. Como dijo el rector en sus palabras al clausurar el evento, "Reconocemos que no vinieron a llevarse petróleo. Han trabajado con nosotros, sin pedir nada a cambio".

Estoy segura que voy a recordar otras cosas más tarde, pero es todo para concluir este viaje.

JULIO-AGOSTO DE 2008

28 de julio de 2008
El sábado —el 26 de julio— fue nuestro primer día completo aquí en Malabo. Luego de desayunar salimos para la ciudad portuaria de Luba en la costa sudoeste de la isla de Bioko para reunirnos con la brigada médica cubana allá y acompañarlos en el programa que tenían planeado para celebrar el asalto al Moncada.[3]

Luba es el pueblo que visitamos durante nuestro viaje en 2005 donde se está construyendo un importante puerto libre de agua profunda. Esperan que se convierta en un centro de servicios para la industria petrolera desde

---

3. El 26 de julio de 1953, unos 160 revolucionarios al mando de Fidel Castro lanzaron un ataque insurreccional al cuartel Moncada en Santiago de Cuba, y un ataque simultáneo al cuartel de Bayamo, dando inicio a la lucha armada revolucionaria contra la dictadura de Fulgencio Batista. Tras fallar el ataque, las fuerzas de Batista masacraron a más de 50 de los revolucionarios capturados. Fidel Castro y otros 27 combatientes, entre ellos Raúl Castro y Juan Almeida, fueron procesados y recibieron condenas de hasta 15 años de cárcel. Fueron excarcelados el 15 de mayo de 1955, luego de una campaña pública de defensa que obligó al régimen de Batista a emitir una amnistía general para los presos políticos.

Angola hasta el delta nigeriano, un lugar donde se puedan hacer reparaciones mayores de barcos y de plataformas perforadoras de agua profunda.

Desafortunadamente, tan pronto llegamos a Luba recibimos una llamada diciendo que teníamos que volver a Malabo muy pronto para otra reunión, así que no tuvimos tiempo de hacer un recorrido de la zona del puerto. Lástima. Teníamos esperanzas de ver lo que ha cambiado en los últimos tres años.

El gobernador de Bioko Sur, José Nguema Nba Nza, se unió a la celebración en la casa donde viven los voluntarios cubanos. Nos dijo que empezó a aprender un poco sobre Cuba a comienzos de los años 70 cuando llegaron asesores militares cubanos para ayudar a entrenar las nuevas fuerzas armadas de Guinea Ecuatorial.

Hay cinco compañeras y compañeros en esta brigada médica: tres médicos, una enfermera y un técnico de laboratorio. (Nos enteramos que esa es una brigada de tamaño mediano. Las más grandes tienen siete y las más pequeñas dos: un médico y un enfermero. Ahora tienen brigadas médicas que trabajan en los 18 distritos de Guinea Ecuatorial, unos 160 trabajadores médicos en total). El director del hospital, quien también participó en la celebración, es uno de los médicos guineanos que se graduaron en 2006. Esa fue la primera clase que se graduó de la facultad de medicina organizada por los cubanos aquí. Otros dos médicos cubanos que están apostados en Riaba, un pueblo pequeño en la costa oeste de Bioko Sur, también se sumaron a las actividades. Juan Carlos Méndez, jefe de las brigadas médicas en toda Guinea Ecuatorial, nos dijo que todos los meses se realiza una actividad de este tipo, lo cual permite que los compañeros de varias brigadas se junten para actividades políticas y sociales.

El sábado por la noche participamos en la celebración

del 26 de julio en Malabo, organizada por la brigada médica allí. La velada fue todo un evento. Estaban presentes entre 75 y 80 personas, incluidos los 47 cubanos en Malabo (excepto los que estaban de regreso en su país de vacaciones). Pero entre el grupo también había un buen número de ecuatoguineanos que han estudiado en Cuba; cinco estudiantes guineanos que acaban de terminar sus cursos preparatorios de medicina e ingresan a la escuela de medicina en septiembre; unos 10 etíopes, todos los cuales estudiaron en Cuba durante los años 80 y ahora trabajan en Guinea Ecuatorial; y el nuevo agregado de negocios de Venezuela, quien recordó haber conocido a Omari en Caracas el año pasado.

El programa de la noche se enfocó en la lucha internacional por la libertad de Gerardo Hernández, Ramón Labañino, Fernando González, Antonio Guerrero y René González.[4] El contenido de las presentaciones fue más sólido que el de muchas que he escuchado. Se ofrecieron bosquejos biográficos de cada uno de los cinco: tres los

---

4. Conocidos como los Cinco Cubanos, estos revolucionarios fueron arrestados bajo cargos fabricados en Estados Unidos en septiembre de 1998, cuando el FBI anunció con bombos y platillos que había descubierto una "red cubana de espías" en Florida. Tras 26 meses bajo detención federal, de los cuales 17 meses fueron en confinamiento solitario, los cinco fueron sometidos a juicio. En junio de 2001, cada uno fue declarado culpable de cargos de "conspiración para actuar como agente extranjero no inscrito". Hernández, Guerrero y Labañino además fueron declarados culpables de "conspiración para cometer espionaje", y Hernández de "conspiración para cometer asesinato". Los cinco recibieron condenas que van desde 15 años hasta doble cadena perpetua más 15 años.

Los cinco habían aceptado la misión de vigilar a grupos contrarrevolucionarios en Estados Unidos que planeaban ataques terroristas contra Cuba, y de mantener informado al gobierno cubano. Su caso ha generado una amplia campaña internacional para denunciar las sentencias draconianas y las severas condiciones de su encarcelamiento, y exigir su excarcelación.

presentaron los estudiantes guineanos que recién empiezan la escuela de medicina. Hubo una presentación sobre los aspectos judiciales del caso, incluido el fallo más reciente del tribunal federal de apelaciones en Atlanta, que lo explicó un abogado cubano que trabaja con el ministerio de medio ambiente. Fue muy buena. También me pidieron que dijera unas palabras sobre el trabajo que se está haciendo en Estados Unidos. Aproveché para explicar el papel que ocupan los cinco en las primeras filas de la lucha de clases en Estados Unidos y su labor política en las prisiones. Recibió una buena respuesta.

La velada terminó con una rica cena cubana (lechón asado, por supuesto), ron, cerveza y baile.

El domingo por la tarde, antes de tomar un vuelo de Malabo a Bata, tuvimos dos reuniones, breves pero muy interesantes. Una fue con la brigada eléctrica cubana que recientemente llegó a Malabo: siete compañeros (hasta ahora todos hombres) que están aquí para capacitar y trabajar con los guineanos responsables de mejorar la infraestructura eléctrica del país. Insistieron una y otra vez que su primera prioridad es entrenar a sus colegas en procedimientos de seguridad. ¡No cuesta imaginarse por qué!

También tuvimos un breve encuentro con cinco de los profesores universitarios (de nuevo, todos hombres en este caso) que partían al día siguiente para un mes de vacaciones en Cuba. Es lo que le toca a todo el mundo a mitad de su compromiso de dos años. Todos estaban de muy buenos ánimos, por no decir más.

La composición completamente masculina de estos dos grupos no es representativa de la proporción general de hombres y mujeres entre los 230 cubanos que están en el país. Un 59 por ciento de los miembros de la brigada médica son mujeres. Y las mujeres son jefas de dos de las cuatro brigadas que hemos visitado hasta ahora.

31 de julio de 2008

Llegamos a Bata a eso de la medianoche del domingo y nos estamos hospedando en un hotelito agradable cuyo gerente es una paraguaya amistosa y vigilante, con un personal que parece compuesto en su mayoría de cameruneses y malienses. ¡Aquí hemos estado hablando más francés que español con los comerciantes y empleados de servicios! Literalmente todo lo que uno compra en Guinea Ecuatorial es importado. No es de sorprender que también una mayoría de los pequeños comerciantes parecen ser inmigrantes. Libaneses, cameruneses, senegaleses, más y más chinos, etcétera. Antiguas rutas comerciales, recién traídas al siglo XXI con el transporte aéreo y los cibercafés. Los trabajos de construcción los realizan en su gran mayoría trabajadores inmigrantes de Malí, Burkina Faso y otros países africanos. Parecen ser empresas capitalistas de China y de diversos países árabes las que invierten en las grandes obras: carreteras, aeropuertos, estadios y demás proyectos estatales.

Una y otra vez se escucha el comentario de que estas empresas —y también las ecuatoguineanas— no contratan a ecuatoguineanos porque a ellos no les gusta trabajar. Siempre que tenemos la oportunidad planteamos, "¿Y por qué habría de gustarles?" Tampoco le gustó a ninguno de nuestros ancestros, hasta que la burguesía ascendente los forzó a ingresar a las fábricas. Aquí no existe un campesinado que ha sido expulsado de la tierra y despojado de todo medio de subsistencia excepto la venta de su fuerza de trabajo. Cuando preguntamos si la tierra es propiedad privada en Guinea Ecuatorial, nos dijeron, "sí y no". Depende de si un individuo de la naciente clase capitalista decide que la quiere (como en vastas zonas de Europa y de América en los albores del capitalismo). Si no, uno simplemente marca con estacas un terreno, construye una choza, siembra unas viandas y espera que nadie lo moleste. Aún no se ha desarrollado aquí ninguna industria capitalista (las únicas fábricas son una pequeña embotelladora de agua y de jugos, una cervecería, y una fábrica de cemento). No hace falta cultivar la tierra para subsistir: uno simplemente siembra cassava en el suelo y en unos meses tiene comida. Lo mismo con unas matas de plátano. La selva tropical está llena de monos, puercoespines, ratas de bosque y otra carne de animales silvestres. Los ríos y el mar proveen pecscado. Incluso hay relativamente pocos animales domesticados: algunas cabras, pero pocos cerdos y aún menos gallinas.

En otras palabras, para los individuos existen alternativas a la esclavitud asalariada y a la esclavitud de las deudas, entonces ¿para qué trabajar?

¡La Pathfinder debiera publicar *The Long View of History* (La visión larga de la historia) de George Novack en español! Para comprender el mundo en que vivimos hoy, es irremplazable una base materialista histórica. Sin ella, ¡nada tiene sentido!

Desde temprano en la mañana del lunes hasta tarde la noche del miércoles, estuvimos viajando 12 ó 14 horas diarias. Visitamos las brigadas médicas cubanas en seis distritos distintos de Guinea Ecuatorial continental en tres días. Esto incluyó los pueblos de Ebebiyin, Mongomo, Niefang, Evinayong, Mbini y Kogo, desde el extremo noreste del país hasta el extremo sudoeste. Si bien, desde la última vez que estuvimos aquí, grandes tramos de caminos por donde viajamos habían sido transformados en carreteras llanas y recién pavimentadas sobre las cuales daba gusto viajar, también había muchas, muchas millas de caminos en distintas etapas de construcción sobre terreno muy difícil.

El programa no fue algo organizado especialmente para

nosotros. Tuvimos la buena fortuna de poder incorporarnos a un recorrido organizado para el rector de la Universidad Nacional, para los compañeros a cargo de las brigadas médicas y de la facultad de medicina aquí y para el embajador y la primera secretaria de la embajada de Cuba.

El objetivo de su recorrido era evaluar los primeros meses de un nuevo programa que se ha iniciado para ofrecer una formación médica completa en múltiples ciudades provinciales. Esto les permitirá a estudiantes —que de otra forma no podrían superar las barreras financieras y de otra índole— ingresar a la facultad de medicina en Bata para hacerse médicos. Es muy impresionante. Básicamente escuchamos mientras ellos discutían los avances alcanzados y los problemas que están tratando de resolver, entre otras cosas las preocupaciones de algunos estudiantes sobre las escaseces materiales.

Aprendimos bastante, y vamos a poder incorporar mucho en artículos para el *Militante*.

Hoy los noticieros de televisión en francés y español están llenos de homenajes a Nelson Mandela en su 90 cumpleaños, incluido un banquete de estado ofrecido por la bondadosa reina Isabel II del Reino Unido. Mandela, como de costumbre, tuvo la gentileza y dignidad de tomar las cosas con serenidad, ¡aunque se le podría haber perdonado que le preguntara a Su Real Alteza qué había hecho para obtener su excarcelación durante las casi tres décadas que estuvo en las prisiones del apartheid!

Un funcionario del gobierno que conocimos aquí nos contó una anécdota que subraya algunos de los verdaderos desafíos. Dijo que le estaba comentando a su secretaria, una joven guineana con mucha preparación, acerca de las celebraciones del cumpleaños que se estaban dando por todo el mundo, y ella le preguntó, "¿Quién es Mandela?" No sabía. Cuando él contestó que a Mandela se le respeta en todo el mundo por su liderazgo en la lucha contra el apartheid y su dignidad al resistir 27 años y medio en las prisiones del apartheid, ella preguntó por qué lo habían mantenido preso. "¿Fue por narcotráfico?" Me recordó la avidez de los estudiantes guineanos durante la feria del libro hace tres años para conseguir *cualquier cosa*, absolutamente *cualquier cosa*, acerca de Mandela y la lucha por derrocar al régimen del apartheid. La mayoría de ellos aún no habían nacido cuando los pueblos de África y los trabajadores del mundo escribieron esa historia.

3 de agosto de 2008
Ayer hicimos un viaje de un día entero atravesando unos dos tercios de Guinea Ecuatorial continental hasta Añisok, la capital de distrito más cercana a la región montañosa del río Wele, donde se lleva a cabo el proyecto hidroeléctrico. El río es el más grande de Guinea Ecuatorial, según nos dicen, y desemboca en el mar cerca de Mbini, donde estuvimos a comienzos de esta semana. Nos recibió Pedro Mba Obiang Abang, delegado del gobierno en Añisok (el miembro electo del parlamento que pertenece al PDGE, el Partido Democrático de Guinea Ecuatorial, que junto con unos aliados ocupa 99 de los 100 escaños en la asamblea nacional). Nos condujo otros 35 kilómetros por el camino que se está construyendo, el cual lleva al sitio donde van a construir la presa y la central hidroeléctrica. Caminamos una distancia corta por una senda que corre al lado del río hasta Djibloho, el sitio donde el agua salta con mucha fuerza por una vertiente muy empinada y estrecha, aun ahora en los meses más secos del año.

Comenzaron a construir el camino el 1 de enero. Va

a tardar casi dos años en completarlo. Pero tienen que hacerlo antes de que puedan traer gran parte del equipo pesado que hará falta para construir la presa y la central. Ellos proyectan cuatro o cinco años en total antes de que la central eléctrica entre en funcionamiento. Se anticipa que abastecerá de electricidad no solo a toda Guinea Ecuatorial continental, sino regiones de Camerún y Gabón. Una empresa china es la principal contratista, pero el delegado nos dijo que habrá varias más de diversos países. Los carteles que alertan en el sitio sobre el horario de explosiones, etcétera, estaban en chino y en español.

Además de ser una impresionante obra en desarrollo, ¡el sitio es realmente bello!

Una empresa iraní está construyendo la carretera a la futura central hidroeléctrica cerca de Añisok. Es la primera vez que hemos encontrado a iraníes entre los numerosos contratistas de diferentes países que trabajan aquí. Los operarios especializados de equipo pesado a lo largo de la ruta eran iraníes, pero no los trabajadores manuales. Nos detuvimos brevemente en el complejo donde viven los trabajadores iraníes porque el delegado quería hablar con algunos integrantes del personal ecuatoguineano allí para que fueran a Añisok para las actividades del 3 de agosto, el Día de la Liberación. Los iraníes nos saludaron haciendo señales amistosas con las manos, pero no tuvimos la oportunidad de bajarnos del auto y hablar con ellos.

La visita al proyecto hidroeléctrico nos la organizó Jerónimo Osa Osa Ekoro, ministro de información, cultura y turismo, quien nos facilitó todo el viaje, incluida la entrevista con el presidente Obiang. Dudo que hayan llevado a muchas personas a este sitio. Sucede que el ministro es de Añisok, y su madre nos recibió cálidamente en su casa cuando volvíamos del proyecto hidroeléctrico. Entre otras cosas, ella encabeza la organización de mujeres en el distrito. Antes de partir, le obsequiamos un ejemplar de *La emancipación de la mujer y la lucha africana por la libertad* por Thomas Sankara, que claramente le gustó recibir. Al delegado de distrito también le dimos un ejemplar del libro de Dreke, *De la sierra del Escambray al Congo*, en señal de aprecio por su generoso tiempo y el recorrido por el sitio y también les dejamos un ejemplar del libro de Sankara, *Somos herederos de las revoluciones del mundo*.

Todo tardó el doble de lo planeado, por supuesto, así que cuando regresamos a Bata ya habíamos perdido el vuelo a Malabo para el que habíamos tenido reservaciones. Conseguimos el último vuelo, llegando a Malabo después de las 10:00 de la noche. No habíamos comido en todo el día —salvo refrigerios ligeros y refrescos que nos ofrecieron nuestros anfitriones— pero una de los médicos que organiza el centro de tratamiento para el SIDA aquí en Malabo nos había preparado una cena completa que comimos muy agradecidos a eso de las 11:00 anoche. Mientras disfrutábamos su comida, la doctora nos hizo un relato muy detallado y concreto de la lucha sin fin para prevenir que los distintos monopolios internacionales de medicinas introduzcan medicinas inútiles contra el SIDA en países como Guinea Ecuatorial.

5 de agosto de 2008
Acabamos de regresar de un día repleto que comenzó con la ceremonia de graduación para la clase de 2008 de la Universidad Nacional de Guinea Ecuatorial (entre ellos 21 estudiantes de medicina), más una actividad que se hizo en la plaza enfrente del salón de conferencias donde se hizo la ceremonia de graduación. Ese evento fue en realidad una extensión de la celebración del 3 de agosto del "Golpe de la libertad" (el golpe de estado que derrocó a la dictadura de Macías). Obiang dio un interesante discurso

de media hora a una multitud de unos mil trabajadores de la construcción y otros miembros del partido de gobierno.

Toda una sección del discurso se concentró en el revés que significó el período de Macías, y lo que ha significado para Guinea Ecuatorial recuperarse de ese horrible inicio como país independiente de la dominación colonial por primera vez en casi 200 años. "Muchos guineanos se preguntaban si el pasado no había sido mejor", dijo Obiang. Todo esto es un cambio respecto a nuestra visita en 2005, cuando la época de la dictadura de Macías era casi un tema tabú. Ahora la gente habla de esta de forma despreocupada y como un hecho, diciendo que fue en 1979 que Guinea Ecuatorial comenzó a desarrollarse como país independiente.

La ceremonia de graduación también fue realmente una manifestación de orgullo en cuanto a los logros. Había un orgullo individual por parte de los estudiantes al haber superado tantos obstáculos para estudiar y lograr un título universitario, y también un orgullo nacional colectivo por el desarrollo de la Universidad Nacional de Guinea Ecuatorial.

El evento final fue una recepción para todos los recién graduados y el claustro universitario en un hotel en el malecón. Muy lindo.

~

El lunes en Malabo pudimos reunirnos con Rosendo-Ela Nsue Mibui por una hora y media. Fue un verdadero placer. Él es el autor de una historia sustancial de Guinea Ecuatorial en dos tomos (publicada en español) y es considerado ampliamente como el historiador preeminente del país. En 2005 compramos el primer tomo, *La historia de Guinea Ecuatorial: Período Precolonial*. Se acaba de editar el segundo tomo y lo estamos trayendo de regreso. Abarca el período colonial hasta la dictadura de Macías. (Rosendo, veterano de la lucha independentista, estuvo preso unos cuantos años bajo el régimen de Macías).

~

Otro de los enormes proyectos de infraestructura que visitamos en el viaje de regreso de Mongomo la semana pasada es el nuevo aeropuerto internacional que se está construyendo a unos 35 kilómetros de allí, cerca de Mongomeyen. Se construye para que sirva de aeropuerto regional, no solo para Guinea Ecuatorial, sino para algunas partes de Camerún y Gabón, y que pueda recibir los más grandes aviones de pasajeros y de carga. La pista principal está parcialmente terminada, pero nos dijeron que tardará otros dos o tres años antes de que el aeropuerto se habilite. Nos dijeron que de las dos grandes compañías que lo construyen, una radica en Austria y la otra en Brasil. Fue otra visita que nos gestionó el ministro de información. Fue muy útil.

9 de agosto de 2008
Un par de compañeros nos pasaron a buscar esta tarde para un recorrido de Malabo en auto. La actividad había estado en nuestro programa varias veces durante las dos semanas de nuestra estancia aquí, pero nunca habíamos logrado realizarla. No solo se está llevando a cabo una gran expansión del puerto de agua profunda de Malabo, sino que se está restaurando el centro histórico de la ciudad, y se está construyendo desde cero una nueva ciudad extensa, conocida como Malabo II. Ya hay como un centenar de casitas nuevas y numerosos edificios de apartamentos de varios pisos que están por completarse. Nos dijeron que los ocupan funcionarios estatales guineanos y familias que están siendo trasladadas de algunas de las

zonas más pobres de la ciudad. Algunos de los internacionalistas cubanos están alojados en estas zonas. Nunca pudimos obtener respuestas claras a las preguntas que hicimos a muchas personas diferentes de cómo escogen a personas para vivir en estos nuevos proyectos habitacionales, o cuánto cuestan los apartamentos o las casas en los mismos. Pero no creo que exista misterio alguno. Importan las conexiones que uno tenga.

Malabo II se está construyendo con un sistema moderno de alcantarillado, servicio eléctrico, cañerías que al final podrán distribuir agua potable (cuando esté disponible), calles pavimentadas, con alumbrado, etcétera. Cerca de esa parte de la ciudad también vimos un sinnúmero de enormes edificios de ministerios del gobierno y otras oficinas, así como nuevos y amplios bulevares que se están construyendo.

La mayoría de los edificios que el gobierno construye se hacen en duplicado: uno en Malabo y otro en Bata. Los ministerios, la asamblea nacional, etcétera, se reúnen y trabajan a veces en una ciudad, a veces en la otra. Todos los ministros de gobierno construyen viviendas en ambas ciudades, nos dijeron, y usualmente también en su pueblo natal.

La situación de la doble capital es un legado de la historia colonial y postcolonial del país. Malabo ha sido por mucho tiempo la capital histórica del país: fue donde las potencias coloniales se atrincheraron durante siglos antes de que pudieran dominar los territorios fang en el continente. Históricamente, la mayoría de la población en la isla de Bioko es bubi, el segundo grupo étnico del país.[5] Los bubis (y otras tribus que no son fang) fueron objeto de una

---

5. Ver el mapa "Principales poblaciones de Guinea Ecuatorial", en la página 30.

represión feroz durante la dictadura de Macías. Aunque Bata se vuelve más y más el centro comercial y político del país, el trasladar la capital a la Región Continental donde vive la mayor parte de la población (abrumadoramente fang, que en su mayoría hablan uno de dos dialectos principales) podría desestabilizar la actual unidad nacional. Con el tiempo, desde luego, la importancia económica y política de Bata ejercerá su peso. Pero no es un asunto insignificante. Si bien los fang han dominado el gobierno, las fuerzas armadas y los demás centros del poder desde la independencia, ahora los cargos en los ministerios y la asamblea nacional se distribuyen cuidadosamente para mantener cierto equilibrio entre los que pertenecen a las distintas tribus y clanes. En los discursos que hemos escuchado, Obiang varias veces se ha referido con orgullo al hecho que en Guinea Ecuatorial no han experimentado el tipo de "genocidio" étnico que ha destruido un buen número de países africanos creados por las potencias imperialistas.

Al viajar en auto por Malabo, a todos nos llamó la atención el gran número de trabajadores chinos que vimos en las calles (era en las últimas horas de la tarde del sábado). Empresas chinas están realizando la mayoría de las grandes obras de construcción del gobierno. Los guineanos aplauden la calidad de su trabajo y sobre todo su rapidez, maravillados porque los chinos frecuentemente trabajan jornadas dobles y rara vez se toman días libres. Las empresas chinas traen a trabajadores especializados así como a jornaleros chinos.

Aquí la palabra con la que se refiere a los trabajadores no especializados es peón, ¡la antigua palabra de la época feudal que significaba mano de obra en servidumbre! En otros proyectos, los peones generalmente son negros de diversos países africanos.

11 de agosto de 2008

Aproveché el largo vuelo de regreso para empezar a ahondarme en el segundo tomo de historia de Rosendo-Ela sobre el período colonial y postcolonial de Guinea Ecuatorial. Una de las bases del régimen colonial consistió en designar a todo guineano como el equivalente jurídico de menor de edad, sin derechos a poseer propiedad, a realizar convenios, a recibir salarios que ellos controlaran, o a tomar decisiones por sí mismo (ya no se diga por sí misma). Cualquier suma que "ganaban" por lo que en realidad era trabajo forzado, se depositaba en una cuenta controlada por una agencia establecida por el gobierno y que supuestamente debía utilizarse para financiar escuelas, clínicas, etcétera, para el bien de los "nativos". ¡Tremendo arreglo!

Como dijera Fidel tan acertadamente, "¡Qué lejos hemos llegado los esclavos!"

ÍNDICE

Abaga Ondó, Florentino, 66–67
Aeropuertos, 40, 41, 103–4, 149
África
  ayuda económica y social
    cubana a, 9, 72–73, 82–83,
    99–100, 101, 102–3
  combatientes internacionalistas
    cubanos en, 8, 71, 93, 102–3,
    105, 107–9, 123
  condiciones de vida cambiantes
    en, 16–17, 35, 66
  condiciones sociales en, 41,
    50–51, 54, 63
  conocimiento en EE.UU. sobre,
    21, 34, 90, 95, 124
  "genocidio" étnico en, 151
  legado de dominación colonial,
    11, 26, 50–51, 93, 130
  petróleo en, 12–13, 37
  trata de esclavos en, 26, 82, 83,
    114, 126
  Ver también Angola, ayuda
    cubana a; Cuba, ayuda
    internacionalista; Guinea
    Ecuatorial
Agricultura, 13, 33, 35, 36–37,
  121–23, 130, 142–43
Agua potable, 13, 35, 43, 50, 51, 54,
  91, 150
Alcoholismo, 131
Alemania oriental, 127
Alianza de la Juventud Socialista, 7
Almeida, Juan, 138

Álvarez Morell, Juan, 56
Andeme, Rosalía, 83
Angola, 13, 50, 129
  ayuda cubana a, 71, 93, 103,
    107–9
Annobón, 26, 41
Añisok, 40, 43–44, 54, 55, 56, 145,
  146
Arbelo, Wilfredo, 45
Argelia, 71
Argentina, 72
Asociación de Amistad Cuba-
  África, 9
Asociación de Combatientes de la
  Revolución Cubana, 9
Atención médica, 13, 49–60
  accesibilidad a, 40, 52–53, 75, 91
  brigadas médicas cubanas, 40,
    43–44, 49, 52, 55, 56–58, 60,
    61–75, 107–9, 130–31, 136–37,
    138, 139–40, 143–44, 147
  construcción de hospitales, 40,
    58–59, 69
  bajo dictadura de Macías, 51
  enfermedades y falta de
    tratamiento, 50–51, 53–54,
    55–56, 63, 130–31
  y falta de electrificación, 43–44,
    54–56
  impacto del personal médico
    guineano, 49, 52–53, 58, 60, 63,
    64–65, 70, 71, 139
  como mercancía, 59–60, 72, 75

Atención médica (*continuación*)
y "robo de cerebros" imperialista, 63
situación en África, 50-51, 53, 63
Austria, 149

Barnes, Jack, 41, 86
Bata
atención médica en, 56, 59, 60
y doble capital, 150-51
electrificación en, 44, 45, 54
facultad de medicina en, 46, 52, 60, 61, 64-65, 67, 69, 71, 75, 83, 144
su tamaño y crecimiento, 38, 41, 116, 123, 150-51
Batista, Fulgencio, 8, 106, 138
Bélgica, 82
Bolivia, 72
Brasil, 149
Brujería, 86-87, 133
Bubi, 25, 26, 81, 150-51
Burkina Faso, 86, 94, 142

Camerún, 44, 119, 142, 146, 149
Caminos y construcción de caminos, 13, 34, 38, 40-41, 51, 56, 91, 117, 128, 143, 145-46
Campesinado, falta de, 34, 66, 142
Capitalismo, 14-16, 34-39
su crisis mundial, 16-17, 19
y desarrollo de clase capitalista, 11, 34, 37-38, 39, 116, 142-43
y desarrollo de clase trabajadora, 14-16, 38
y hábitos de trabajo, 66, 130, 142
y orden mundial imperialista, 81, 90, 124-25
y relaciones precapitalistas, 34, 36-37, 130, 133
Carpentier, Alejo, 85

Castro, Fidel, 93, 99, 102, 105, 107, 123, 138, 152
Castro, Raúl, 138
Ceguera por cataratas, 136-37
Céspedes, Carlos Manuel de, 106
Chevron, empresa petrolera, 120
China
capas de clase media de, 38
trabajadores de, 39, 151
vínculos económicos con, 37, 40, 44, 120, 142, 146, 151
Cinco Cubanos, 140-41
Clase trabajadora
ilegalidad de huelgas y sindicatos, 120
inexistencia histórica de, 34, 66, 142-43
y mano de obra inmigrante, 16, 38-39
nace en Guinea Ecuatorial, 11, 35, 37-39, 119-20, 129
su nacimiento en el capitalismo, 16, 38
su peso creciente, 16-17
Clase trabajadora y la transformación de la educación, La (Barnes), 91
Club Rotario, 136-37
Cobo, Laura, 74-75
Cólera, 131
Computadoras, 43, 69
Concepción, Tebelio, 64, 65, 70-71
Congo, 8, 71, 72, 82, 94, 99, 101, 105, 123
Contreras, Amarilis, 43-44, 54, 56
Cuba
ataques estadounidenses contra, 18, 98-99, 106-7, 140
atención médica en, 18-19, 64, 66-67, 74-75, 104
campaña de alfabetización en, 100-101

Cuba (*continuación*)
conquista del poder en, 17–18
ejemplo de revolución en, 12, 18–19
feria del libro en, 100, 127
lucha contra contrarrevolución en, 8, 82, 99
lucha independentista en, 106
lucha revolucionaria contra Batista, 8, 82, 98, 106–7, 138
mujer y familia en, 134, 141
negros en, 106, 134–35
transformación de relaciones sociales en, 18, 19, 64, 74, 75
Ver también Cuba, ayuda internacionalista; Cuba, ayuda internacionalista a Guinea Ecuatorial
Cuba, ayuda internacionalista, 18–19, 72–73, 102–3, 104, 136–37
a África, 8–9, 71–72, 82–83, 99–100, 101–3, 105
Cuba, ayuda internacionalista a Guinea Ecuatorial, 12, 22, 150
brigadas médicas, 40–41, 43–44, 49, 52, 55, 56–58, 60, 61–75, 83, 107–9, 130–31, 136–37, 138, 139–40, 143–44, 147
electricistas, 44–45, 141
embajada cubana y, 81, 94
maestros, 116, 136
su organización y objetivos, 52, 61–64, 70–71, 73–74, 83, 101–2, 139
participación de mujeres en, 141
preparación militar en años 70, 139
Cuito Cuanavale, 93, 107
Cultura y alfabetización
legado cultural de Guinea Ecuatorial, 83–84, 126–27

Cultura y alfabetización (*continuación*)
necesidad de fomentar su desarrollo, 80–81, 100–101, 104–5
Curanderos, 56–58

DDT, 131
De boca en boca (Mbana y otros), 83–84, 126–27
De la sierra del Escambray al Congo (Dreke), 85, 94, 123, 128, 147
presentación de Dreke sobre, 82–83, 98, 99, 102, 105, 124
Desarrollo desigual y combinado, 13–14, 34–35, 129
Desnutrición, 50
Desorden mundial del capitalismo, El (Barnes), 86
Don Quijote de la Mancha (Cervantes), 101
Dreke, Víctor, 8–9, 22, 97–109
sobre ayuda cubana a África, 82–83, 99–100, 102–4
en Congo, 8, 82, 99, 101, 123
como embajador ante Guinea Ecuatorial, 9, 80, 82–83, 94, 97–98, 99–100, 101–2, 125
en Revolución Cubana, 8, 82, 98

Ebebiyin, 40, 44, 49, 54, 67–68, 143
Edjang, Nicéforo, 69
Edjang Ondó, Marcelino, 58, 60
Educación
bajo dictadura de Macías, 28, 136
extensión de escuelas, 13, 35, 40, 45–47, 91, 104
y falta de electrificación, 43, 65
Egipto, 40
Ela Baby, Rosendo, 81, 125
Ela Nsue Mibui, Rosendo, 22, 81, 125, 148–49, 152

156 ÍNDICE

Electrificación
  apoyo técnico cubano, 44–45, 141
  su desarrollo, 13, 40, 44–45, 121
  esencial para avance social, 41–43, 90–91
  falta de, 34, 35, 41–44, 51, 54–56, 65, 103–4, 121
  no hay red nacional, 43, 44, 45
  y proyecto de central hidroeléctrica, 44, 55, 145–46
Emancipación de la mujer y la lucha africana por la libertad, La (Sankara), 86, 94, 146
Engels, Federico, 14–15, 17, 38, 135
Eritrea, 73
Escalona, Dayamí, 58
Esclavitud y trata de esclavos, 13, 35, 41, 82, 114, 126, 130
Escuela Latinoamericana de Medicina, 66–67, 104
Esono Ndong, Marcos, 47
España, 36
  dominación colonial de Guinea Ecuatorial, 26–28, 34, 46, 116, 123–24
  régimen de Franco en, 26, 135–36
Esperanza de vida, 50, 51
Estados Unidos, 50, 95
  Cinco Cubanos y, 140, 141
  conocimiento de realidad africana en, 21, 34, 90, 95, 124–25
  defensores de Cuba en, 115
  lucha pro derechos civiles en, 95
Estalinismo, 127, 128–29
Estudio, hábitos de, 46–47, 61, 65, 66–67, 69–70
Etiopía, 71
Evinayong, 40, 44, 53–54, 56, 58, 80, 116–17, 143

ExxonMobil, empresa petrolera, 35, 37, 55, 120

Facultad de medicina de la Universidad Nacional, 13, 46, 49, 52, 60, 61, 64–65
  graduados guineanos, 49, 52, 61, 63, 65, 75, 139
  instructores cubanos, 64, 65–66, 68, 139
  programa de extensión, 67–70, 144
  superación de obstáculos para estudiantes, 61, 65–67, 69–70
Fang, 26, 81, 84, 116, 134, 150–51
  idioma, 25, 65, 116, 133
Feria del Libro de Guinea Ecuatorial, 33–34, 79–87, 89–90, 100, 124–28, 137–38
  sed de cultura y política en, 80, 85–86, 125–26, 127–28, 145
Fernandinos, 25
Francia, 40, 137
Franco, Francisco, 26, 135–36
Fuerzas armadas, Guinea Ecuatorial, 117–19, 139

Gabón, 44, 119, 129, 146, 149
Gaceta de Guinea Ecuatorial, La, 51
Gambia, 73
García, Ray, 126
García, Ricardo, 45
García Chaviano, José Luis, 45
Gepetrol, 37
Ghana, 63
Globalización, 14–15
Gómez, Luisa, 68
González, Fernando, 140
González, René, 140
Gran Bretaña, 26, 36, 50, 107, 144
Guatemala, 103, 104
Guerrero, Antonio, 140

Guevara, Ernesto Che, 85
  en Congo, 8, 72, 82, 94, 99, 123
  como dirigente de Revolución
    Cubana, 19, 72
Guinea-Bissau, 8, 71, 73, 105
Guinea Ecuatorial
  agricultura, 13, 33, 35, 36–37,
    121–23, 130, 142–43
  construcción de infraestructura
    económica, 13, 33, 34–35,
    38–44, 51–52, 55, 56, 90–91, 129,
    138–39, 143, 145–46, 149, 150
  dictadura de Macías, 28, 51, 84,
    127, 128, 130, 136, 148, 149,
    150–51
  doble capital, 150–51
  dominación y legado colonial,
    13–14, 26, 34, 35, 50–51, 81–82,
    116, 123–24, 130, 135–36, 150
  emigración de, 28, 46, 51, 63,
    116
  empresas extranjeras en, 13, 35,
    37, 38, 40, 44, 45, 119–20, 129,
    142, 149
  falta de industria en, 26, 34, 36,
    119, 143
  idiomas, 25–26, 58, 65, 114–15,
    116, 133
  imperialismo y, 26, 34, 35–36, 81,
    90, 116, 117
  importación de alimentos, 36,
    123, 142
  independencia, 26–28, 116, 148,
    149
  intentona golpista mercenaria,
    36, 107
  petróleo y gas natural en, 12–13,
    33, 34–35, 37, 38, 39, 41, 51–52
  poblaciones étnicas y tribales, 25,
    37, 81–82, 83–84, 116, 150–51
  relaciones precapitalistas en, 13,
    34, 37, 130, 133

Guinea Ecuatorial (*continuación*)
  relaciones y estructura de clases,
    11, 13–14, 33, 34, 35, 37–39, 66,
    120, 142–43
  trabajadores inmigrantes y por
    contrato en, 35, 38–39, 142
  su urbanización, 36, 38
  Ver también Cuba, ayuda a

Habla Malcolm X, 86
Hawkins, Arrin, 19, 113
Hernández, Gerardo, 140
Hess, empresa petrolera, 37, 120
Historia de Guinea Ecuatorial
  (Ela Nsue Mibui), 81–82,
  148–49
Holanda, 26
Horizontes, 40
Huracán Katrina, 55
Huracán Mitch, 73
Huracán Stan, 103

Iglesia católica, 28, 135
Imperialismo estadounidense, 55
  ataques contra Cuba, 18, 19,
    98–99, 106–7, 140
  e intentona golpista mercenaria
    en Guinea Ecuatorial, 35–36
Independencia, desfile en Día de
  (2005), 117–21
Inmigrantes, trabajadores, 16,
  38–39, 91, 142
Irán, 39, 146
Isabel, reina, 144
Israel, 59

Judicial, sistema, 86–87, 133

Kogo, 40–41, 55–56, 68, 143

Labañino, Ramón, 140
Líbano, 39, 142

158 ÍNDICE

Long View of History, The (La visión larga de la historia, Novack), 143
Luba, 40, 41, 58, 67, 128–30, 138–39
Lumumba, Patricio, 8, 82

Macías Nguema, Francisco, 28, 51, 84, 127, 130, 136, 147–48
 se autodenomina "socialista" y "revolucionario", 28, 127
Macías: verdugo o víctima (Nze Nfumu), 84, 128
Malabo, 25, 40, 54, 140
 atención médica en, 59, 131
 su desarrollo y modernización, 34–35, 38, 41, 46, 103–4, 116, 120, 149–50
 doble capital, 150–51
 electrificación en, 35, 44, 54
 su subdesarrollo, 35, 44, 103–4, 121, 123, 131
 universidad en, 46, 67, 125
Malaria (paludismo), 50, 51, 53, 55, 56, 63, 130–31
Malasia, 37
Malcolm X, 86, 95
Malcolm X habla a la juventud, 86
Malcolm X on Afro-American History (Malcolm X sobre la historia afroamericana), 95
Malí, 142
Mandela, Nelson, 93, 107, 144–45
 sed de libros por, 86, 127–28, 145
Mangue de Obiang, Constancia, 119
Mangue Mitogo, Tecla, 46, 67
Manifiesto Comunista (Marx y Engels), 13, 15–16, 38
Mann, Simon, 36, 107
Marathon, empresa petrolera, 35, 37, 120, 131
Marruecos, 71

Martí, José, 85
Marx, Carlos, 14–16, 38
Materialismo, 87, 127, 133
Matrimonio, 85, 134–35
Mbana, Joaquín, 80, 83–84, 124, 126–27
Mba Obiang Abang, Pedro, 44, 145
Mbini, 40, 41, 56, 67, 68, 143
McDowall, Howard, 129
Méndez, Juan Carlos, 60, 65–66, 67, 70–71, 73, 139
Militante, 7, 8, 19, 49, 61, 79, 89, 97, 113, 125, 144
Mi vida por mi pueblo (Obiang), 84
Moncada, asalto al (1953), 138
Mongomeyen, 22, 41, 149
Mongomo, 40, 44, 54, 58, 67, 68, 143, 149
Monsuy, José Fernando, 68
Monte Alen, 117
Morales, Ana, 22, 114, 124, 135
Morales, Jassellys, 85, 134
Morejón, Nancy, 85
Morgades, Trinidad, 22, 46, 80, 114–15, 124, 130
Mortalidad infantil, 50, 53
Mortalidad materna, 50, 54
Moto, Severo, 36
Mujer, 17
 en Cuba, 134, 141
 en Guinea Ecuatorial, 43, 44, 46, 85, 115–16, 117, 119, 131, 133–35, 146–47
 poligamia y, 115–16
 Sankara sobre su emancipación, 86, 94, 119, 125
 violencia contra, 131
Musa, Omari, 19, 113, 140

Ndong Asumu, Pedro, 22, 80, 124
Ndowe, 26

Negros
 en Cuba, 105–6, 134–35
 en EE.UU., 94–95
Nelson Mandela: Intensifiquemos la lucha, 128
Nguema, Hilario, 70
Nguema Nba Nza, José, 139
Nguema Ndong, Santiago, 53
Niefang, 40, 54–55, 58, 60, 143
Nigeria, 13, 37, 50, 129, 130
 y dictadura de Macías, 130
Nkara, María Jesús, 46, 64
Novack, George, 143
Nse Nsuga, Carlos, 22, 68–69, 80, 86, 89, 123–24, 134–35
Nsue Nsue Ada, Antonio, 40
Ntutumu Mbá, Benjamín, 61
"Nuestra política empieza con el mundo" (*Nueva Internacional* no. 7), 86, 121, 126
Nueva Internacional, 7, 86, 121, 126
Núñez, María Elena, 54
Nze Nfumu, Agustín, 84

Obiang Nguema, Teodoro (presidente), 21, 34, 39, 45, 84, 98, 104, 151
 sobre ayuda cubana, 73
 sobre dictadura de Macías, 28, 147–48
 entrevista con, 21, 33, 37, 41, 44, 45–46, 73, 146
 sobre infraestructura petrolera y económica, 33, 37, 39, 41, 44
 sobre intentona golpista mercenaria, 36
Operación Milagro, 136–37
Origen de la familia, la propiedad privada y el estado, El (Engels), 17, 135
Osa Osa Ekoro, Jerónimo, 21, 146

Oyono Ayíngono, Carmela, 22, 80–81, 102, 105, 124
Oyono Esono, Antonio, 49

Pakistán, 103
Paraguay, 142
Parásitos intestinales, 51, 63
Parteras, 58
Partido Democrático de Guinea Ecuatorial (PDGE), 119, 145
Partido Socialista de los Trabajadores (EE.UU.), 7, 8, 113
Pathfinder, 89–95
 interés en sus libros, 85–86, 125–26, 127–28, 137
 libros publicados por, 82, 91–95
 participación en feria del libro de Guinea Ecuatorial, 33–34, 79, 89–90, 95, 124–25
Pérez, William, 55, 75
Pesca, 13, 35, 37, 128–29
Petróleo, empresas, 13, 35, 37, 55, 59, 119–20, 131
Pidgin English (pichinglis), 25, 114
Platt, enmienda, 106
Policía, 133
Poligamia, 115–16
Pol Pot, 28, 127
Portugal, 26
Puertos e instalaciones portuarias, 13, 40, 41, 128, 129, 138–39, 149
Punta Europa, 35, 120, 121

¡Qué lejos hemos llegado los esclavos! (Mandela, Castro), 91–93, 128

Ramírez, Leonardo, 136, 137
Reino Unido. *Ver* Gran Bretaña
República Dominicana, 72
Riaba, 139
Romero, Rubén, 75

Sankara, Thomas, 85-86, 93-94, 125
Sékou-Touré, Ahmed, 97
Senegal, 119, 142
SIDA/VIH, 50, 51, 56, 63, 131, 147
Sierra Leona, 25, 50, 114
Silberman, Jonathan, 19, 113
Somos herederos de las revoluciones del mundo (Sankara), 86, 147
Stamler, Alan, 59
Sudáfrica, 82, 107-9
 y Guinea Ecuatorial, 37
 lucha antiapartheid en, 93, 127-28, 145
Sueño, enfermedad del (tripanosomiasis), 55, 63
Superstición, 56, 84, 86-87, 133

Taylor, Brian, 19, 113
Técnicos y personal capacitado
 preparación de, 45, 46-47, 60, 83, 102
 y "robo de cerebros" imperialista, 46, 63, 124

Teléfonos y telefonía celular, 13, 40, 51, 91
Thatcher, Margaret, 36, 107
Thatcher, Mark, 36, 107
Thomas Sankara Speaks (Habla Thomas Sankara), 93
Tifoidea, fiebre, 51, 63
Trabajo, hábitos de, 46-47, 61, 65-67, 69-70, 130, 142-43
Tuberculosis, 50, 51, 63

Ung Bom, Hwangbo, 80, 124
Unión Europea, 137
Unión Soviética, 124, 128-29
Universidad Nacional, 13, 45-47, 61, 114, 136, 148
 Ver también Facultad de medicina

Venezuela, 72, 104, 136-37
Vivienda, 149-50

Zimbabwe, 50

LA LUCHA DE LIBERACIÓN AFRICANA

Somos herederos de las revoluciones del mundo
Discursos de la revolución de Burkina Faso, 1983–87

THOMAS SANKARA

Los campesinos y trabajadores en este país de África Occidental crearon un gobierno popular revolucionario y comenzaron a combatir el hambre, el analfabetismo y el atraso económico impuestos por la dominación imperialista, así como la opresión de la mujer heredada de la sociedad de clases desde hace milenios. Cinco discursos del dirigente de esta revolución. US$10. También en inglés, francés y persa.

¡Qué lejos hemos llegado los esclavos!
Sudáfrica y Cuba en el mundo de hoy

NELSON MANDELA, FIDEL CASTRO

Mandela y Castro, hablando juntos en Cuba en 1991, abordan el papel decisivo de Cuba en la historia africana y la victoria en Angola contra el ejército invasor sudafricano, y cómo impulsó la lucha que derrocó el sistema racista del apartheid. US$7. También en inglés y persa.

Cuba y Angola: La guerra por la libertad
HARRY VILLEGAS ("POMBO")

La historia del aporte inédito de Cuba a la lucha por liberar África del azote del apartheid. Y de cómo se fortaleció así la revolución socialista cubana. US$10. También en inglés, persa y griego.

PATHFINDERPRESS.COM

LA REVOLUCIÓN CUBANA EN EL MUNDO

¡Nueva edición!
Che Guevara sobre economía y política en la transición al socialismo
CARLOS TABLADA

Es esencial que el pueblo trabajador tome el poder estatal, dijo Ernesto Che Guevara. "Después viene la segunda etapa, quizás más difícil que la anterior", la transición desde el capitalismo y sus valores despiadados hacia el socialismo. Esto incluye pasar del trabajo como condición obligatoria para la supervivencia, hacia el trabajo social voluntario a través del cual expresamos nuestra humanidad común. Incluye el discurso de Fidel Castro de 1987 "Las ideas del Che son de una vigencia absoluta". Nueva edición con selecciones ampliadas de los escritos de Guevara. US$17. También en inglés y próximamente en francés.

El socialismo y el hombre en Cuba
ERNESTO CHE GUEVARA, FIDEL CASTRO

Uno de los documentos revolucionarios más profundos jamás escritos. "El hombre realmente alcanza su plena condición humana cuando produce sin la compulsión de la necesidad física de venderse como mercancía". —*Ernesto Che Guevara*, 1965. US$10. También en inglés, francés, persa y griego.

Women and the Cuban Revolution
(La mujer y la Revolución Cubana)
Discursos y documentos por Fidel Castro, Vilma Espín y otros.

Sobre la transformación de la condición económica y social de la mujer en Cuba desde el triunfo de la revolución en 1959. En inglés. US$15

Zona Roja
Cuba y la batalla contra el ébola en África Occidental
ENRIQUE UBIETA GÓMEZ

Cuando tres naciones africanas fueron asoladas en 2014–15 por una epidemia de ébola, el gobierno revolucionario de Cuba brindó lo que ningún otro país intentó aportar: más de 250 médicos, enfermeros y especialistas de salud pública voluntarios. Este recuento testimonial de sus actividades demuestra el tipo de hombres y mujeres que solo una revolución socialista puede producir. US$17. También en inglés y francés.

De la sierra del Escambray al Congo
En la vorágine de la Revolución Cubana
VÍCTOR DREKE

Dreke, segundo al mando de la columna internacionalista dirigida por Che Guevara en el Congo en 1965, describe el júbilo creativo con que el pueblo trabajador ha defendido su trayectoria revolucionaria: desde la sierra del Escambray hasta África y más allá. US$15. También en inglés.

Colombia:
Fidel Castro sobre el debate acerca de la estrategia revolucionaria y lecciones de la Revolución Cubana
DE LAS PÁGINAS DEL *MILITANTE*

Fidel Castro describe las iniciativas de la dirección cubana para poner fin a décadas de guerra entre el movimiento guerrillero FARC y el brutal régimen colombiano. Explica por qué los revolucionarios cubanos, a diferencia del liderazgo de las FARC, rechazaron la práctica de tomar rehenes y organizaron a los trabajadores para tomar el poder estatal en vez de librar una "guerra popular prolongada". US$5. También en inglés.

PATHFINDERPRESS.COM

LA CLASE TRABAJADORA Y LA LUCHA CONTRA EL ODIO ANTIJUDÍO

¡Nuevo!
La lucha contra el odio antijudío y los pogromos en la época imperialista
Lo que está en juego para la clase trabajadora internacional

V.I. LENIN, LEÓN TROTSKY
FARRELL DOBBS
JAMES P. CANNON, JACK BARNES
DAVE PRINCE

El odio antijudío y los pogromos —como el que Hamás desató el 7 de octubre de 2023— hoy son parte de las permanentes convulsiones sociales y guerras de la época imperialista. Por eso, combatir el odio a los judíos es decisivo para la clase trabajadora y las naciones oprimidas de todo el mundo. Los autores responden a la pregunta primordial: *Qué hacer para ponerle fin* de una vez por todas. US$10. También en inglés y francés.

La cuestión judía
Una interpretación marxista
ABRAM LEON

La batalla contra las fuerzas reaccionarias que buscan exterminar a los judíos sigue siendo crucial en la política mundial, como lo demostró el pogromo genocida en octubre de 2023 en Israel. ¿Por qué sigue resurgiendo el odio antijudío? ¿Cuáles son sus raíces de clase? ¿Por qué, como explica Abram Leon, no hay solución "independientemente de la revolución proletaria mundial"? Con una traducción revisada, nueva introducción y 40 páginas de ilustraciones y mapas. US$17. También en inglés y francés.

'LA HISTORIA DE LA SOCIEDAD EXISTENTE ES LA HISTORIA DE LAS LUCHAS DE CLASES'

El trabajo, la naturaleza y la evolución de la humanidad
La visión larga de la historia
FEDERICO ENGELS, CARLOS MARX
GEORGE NOVACK
MARY-ALICE WATERS

Sin comprender que el trabajo social, al transformar la naturaleza, ha impulsado la evolución de la humanidad durante millones de años, los trabajadores no podremos ver más allá de la época capitalista de explotación de clases que deforma a todas las relaciones, ideas y valores humanos. Solo la conquista revolucionaria del poder estatal por la clase trabajadora podrá abrir la puerta a un mundo libre de la explotación capitalista, degradación de la naturaleza, subyugación de la mujer, racismo y guerras. Un mundo basado en la solidaridad humana. Un mundo socialista. US$12. También en inglés y francés.

El origen de la familia, la propiedad privada y el estado
FEDERICO ENGELS
US$15. También en inglés y persa.

El Manifiesto Comunista
CARLOS MARX Y FEDERICO ENGELS

El comunismo, según explican los dirigentes fundadores del movimiento obrero revolucionario, no es un conjunto de ideas o "principios" preconcebidos sino el camino de la clase obrera hacia el poder, que surge de un "movimiento que se desarrolla ante nuestros ojos". US$5. También en inglés, francés, persa y árabe.

PATHFINDERPRESS.COM

TAMBIÉN DE PATHFINDER

Ya superamos el punto más bajo de la resistencia del pueblo trabajador
El Partido Socialista de los Trabajadores mira hacia adelante

JACK BARNES, MARY-ALICE WATERS, STEVE CLARK

El orden global impuesto por Washington tras su victoria en la Segunda Guerra Mundial se está desmoronando. Se acabó el largo repliegue de la clase obrera y los sindicatos. Los patrones y su gobierno aumentan sus ataques a nuestros salarios, condiciones y derechos constitucionales. Este libro destaca las oportunidades para forjar un partido obrero de masas capaz de dirigir una lucha que ponga fin al dominio capitalista y abra paso a un futuro socialista para la humanidad. US$10. También en inglés y francés.

La lucha por un partido proletario
JAMES P. CANNON

"Los trabajadores de Estados Unidos tienen fuerza suficiente para tumbar la estructura del capitalismo aquí en este país y para alzar con ellos al mundo entero cuando se levanten". US$8. También en inglés y persa.

Cuba y la revolución norteamericana que viene
JACK BARNES

Un libro sobre el ejemplo del pueblo cubano: que una revolución socialista no solo es necesaria sino es posible. Sobre las luchas del pueblo trabajador, y los jóvenes atraídos a ellas, en Estados Unidos, donde hoy las fuerzas gobernantes descartan las capacidades revolucionarias de los trabajadores tanto como descartaron las del pueblo cubano. Y de forma igualmente errada. US$10. También en inglés, francés y persa.

La última lucha de Lenin
Discursos y escritos, 1922–23

V.I. LENIN

En 1922 y 1923, V.I. Lenin, dirigente central de la primera revolución socialista, libró su última batalla política, lucha que tras su muerte se perdió. Lo que estaba en juego era si esa revolución, y el movimiento comunista internacional que esta dirigía, mantendría el curso proletario que había llevado al poder a los trabajadores y campesinos en octubre de 1917. US$17. También en inglés, persa y griego.

Habla Malcolm X

"Los imperialistas astutos saben que la única manera de hacerte correr voluntariamente hacia la zorra es mostrándote un lobo". En discursos y entrevistas, Malcolm X presenta una alternativa revolucionaria a esta trampa reformista, abordando las alianzas políticas, los derechos de la mujer, la intervención de Washington en el Congo y Vietnam, capitalismo y socialismo, y más. US$15. También en inglés.

La emancipación de la mujer y la lucha africana por la libertad

THOMAS SANKARA

"No existe una verdadera revolución social sin la liberación de la mujer", explica Sankara, dirigente central de la revolución de 1983–87 en Burkina Faso, en África occidental. US$5. También en inglés, francés y persa.

PATHFINDERPRESS.COM

LA TRANSFORMACIÓN DE LA NATURALEZA POR EL TRABAJO

Nuestra política empieza con el mundo
JACK BARNES

Las enormes desigualdades entre los países imperialistas y semicoloniales, y entre las clases dentro de cada uno, son acentuadas por el mismo capitalismo. Para forjar partidos capaces de dirigir una exitosa lucha revolucionaria por el poder en nuestros propios países, los trabajadores de vanguardia debemos guiarnos por una estrategia para cerrar esta brecha. En *Nueva Internacional* no. 7. US$14. También en inglés, francés, persa y griego.

Crítica del Programa de Gotha
CARLOS MARX

"El trabajo *no es la fuente* de toda riqueza. La *naturaleza* es la fuente de los valores de uso… ni más ni menos que el trabajo, que no es más que la manifestación de una fuerza natural, de la fuerza de trabajo del hombre". US$9

Thomas Sankara Speaks
The Burkina Faso Revolution, 1983–87
*(Habla Thomas Sankara:
La Revolución en Burkina Faso, 1983–87)*

Bajo el liderazgo de Sankara, el gobierno revolucionario de Burkina Faso dirigió a los campesinos, trabajadores, mujeres y jóvenes a impulsar la alfabetización; cavar pozos; plantar árboles; construir viviendas; combatir la opresión de la mujer; realizar la reforma agraria; unirse con otros en África y a escala global para liberarse del yugo imperialista. En inglés y francés. US$20

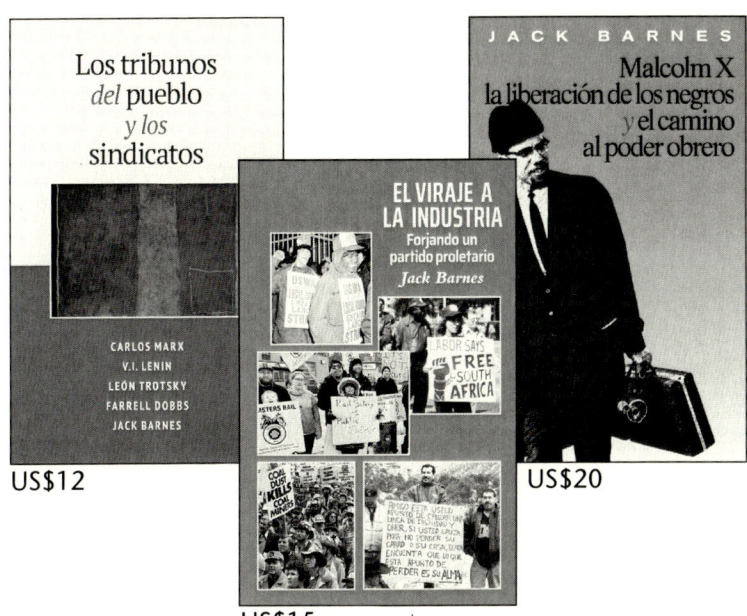

US$12   US$20

US$15

Tres libros para ser leídos juntos...

sobre la construcción de un partido que es proletario en su programa, composición y conducta. Que reconoce, con palabras y acciones, el hecho más revolucionario de esta época...

... que los trabajadores tenemos la capacidad de crear un mundo diferente cuando actuamos juntos para defender nuestros intereses, no los de la clase que se enriquece explotando nuestra mano de obra, ni los de aquellos que nos temen como "deplorables" o incluso "basura".

Al seguir un rumbo revolucionario hacia el poder obrero, vamos a transformarnos y descubrir nuestro valor propio. También en inglés, francés, persa y griego.

¡Oferta especial!
Los tres por US$30

El viraje a la industria junto con *Los tribunos del pueblo y los sindicatos*   US$20

Cualquiera de estos dos libros junto con *Malcolm X, la liberación de los negros y el camino al poder obrero*   US$25

PATHFINDERPRESS.COM

DEFENSA DE LAS LIBERTADES CONSTITUCIONALES

El socialismo en el banquillo de los acusados
Testimonio en el juicio por sedición en Minneapolis
JAMES P. CANNON

El programa revolucionario de la clase trabajadora, presentado en respuesta a cargos fabricados de "conspiración sediciosa" en 1941, en vísperas del ingreso de Washington a la Segunda Guerra Mundial. Los acusados eran dirigentes del movimiento obrero en Minneapolis y del Partido Socialista de los Trabajadores. US$15. También en inglés, francés y persa.

Cointelpro
The FBI's Secret War on Political Freedom
(Cointelpro: La guerra secreta del FBI contra la libertad política)
NELSON BLACKSTOCK

Una mirada a fondo al programa encubierto de interferencia y contrainteligencia del FBI en los años 60 y 70, realizado bajo el nombre COINTELPRO. Reproduce extensamente documentos del FBI publicados a raíz de la demanda judicial del Partido Socialista de los Trabajadores contra el espionaje del gobierno. En inglés. US$15

FBI on Trial
The Victory in the Socialist Workers Party Suit Against Government Spying
(El juicio contra el FBI: La victoria en la demanda del Partido Socialista de los Trabajadores contra el espionaje del gobierno)
MARGARET JAYKO

Relata la victoria histórica en la lucha por los derechos constitucionales. Incluye el texto del fallo de 1986 de la corte federal contra el espionaje del gobierno y fragmentos del testimonio en el juicio. En inglés. US$17

LA EMANCIPACIÓN DE LA MUJER Y EL SOCIALISMO

Los cosméticos, las modas y la explotación de la mujer
JOSEPH HANSEN, EVELYN REED
MARY-ALICE WATERS

Explica cómo los capitalistas refuerzan la posición de segunda clase de la mujer para extraer ganancias. De dónde proviene la opresión de la mujer. Y cómo la integración de millones de mujeres a la fuerza laboral fortalece la batalla por su emancipación. US$12. También en inglés, persa y griego.

La evolución de la mujer
Del clan matriarcal a la familia patriarcal
EVELYN REED

Un viaje desde la prehistoria hasta la sociedad de clases que revela los aportes de la mujer, aún muy desconocidos, a la civilización. Reed señala los factores históricos que llevaron a la discriminación generalizada de la mujer como sexo. Ofrece perspectivas frescas sobre la lucha contra su opresión y por la liberación de la humanidad. US$18. También en inglés, persa e indonesio.

Women and the Family
(La mujer y la familia)
LEÓN TROTSKY

De cómo la Revolución Rusa en octubre de 1917, la primera revolución socialista victoriosa, abrió nuevas posibilidades en la lucha por la liberación de la mujer. En inglés. US$10

PATHFINDERPRESS.COM

AMPLÍE SU BIBLIOTECA REVOLUCIONARIA

¿Son ricos porque son inteligentes?
Clase, privilegio y aprendizaje en el capitalismo
JACK BARNES

Expone las crecientes desigualdades de clase en EEUU y las justificaciones de las capas profesionales bien remuneradas que creen que su "brillantez" las califica para "regular" a los trabajadores, quienes supuestamente no sabemos lo que nos conviene. US$10. También en inglés, francés, persa, árabe y griego.

El historial antiobrero de los Clinton
Por qué Washington le teme al pueblo trabajador
JACK BARNES

Lo que el pueblo trabajador necesita saber sobre el curso, impulsado por el lucro, que han seguido los demócratas y republicanos por igual en los últimos 30 años. Y el despertar político de los trabajadores que buscan entender y resistir los ataques de los gobernantes capitalistas. US$10. También en inglés, francés, persa y griego.

50 años de operaciones encubiertas en EE.UU.
La policía política de Washington y la clase obrera norteamericana
LARRY SEIGLE, FARRELL DOBBS, STEVE CLARK

Cómo los trabajadores con conciencia de clase han luchado contra los esfuerzos por expandir el "estado de seguridad nacional" que es esencial para mantener el dominio capitalista. US$10. También en inglés y persa.

Las mujeres en Cuba: Haciendo una revolución dentro de la revolución
VILMA ESPÍN
ASELA DE LOS SANTOS
YOLANDA FERRER

La integración de las mujeres a las filas y dirección de la Revolución Cubana fue parte inseparable de la trayectoria proletaria de esta desde el principio. Esta es la historia de esa revolución y cómo transformó a las mujeres y los hombres que la hicieron. US$17. También en inglés, persa y griego.

Rebelión Teamster
FARRELL DOBBS

Sobre las huelgas de 1934 que lograron la sindicalización de camioneros y trabajadores de depósitos en Minneapolis y allanaron el camino para el movimiento social obrero que forjó los sindicatos industriales. El primero de cuatro tomos narrados por un dirigente central de estas batallas. US$16. También en inglés, francés, persa y griego.

Libros de Pathfinder **accesibles en formato e-book** para personas no videntes, de baja visión o con otros retos para leer libros impresos.

Para obtener una lista de libros disponibles, visite: pathfinderpress.com/collection/books-for-the-blind.

Para inscribirse, visite bookshare.org.

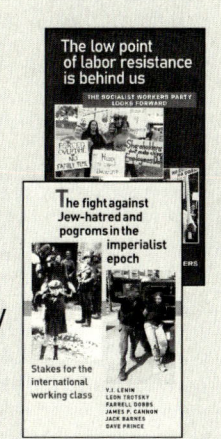

PATHFINDERPRESS.COM

PATHFINDER POR EL MUNDO

ESTADOS UNIDOS
(y América Latina, el Caribe y el este de Asia)
Pathfinder Books, 306 W. 37th St., 13th Floor
New York, NY 10018

CANADÁ
Pathfinder Books, 7107 St. Denis, Suite 204
Montreal, QC H2S 2S5

REINO UNIDO
(y Europa, África, el Medio Oriente y el sur de Asia)
Pathfinder Books, 5 Norman Rd.
Seven Sisters, London N15 4ND

AUSTRALIA
(y Nueva Zelanda, el sureste de Asia y Oceanía)
Pathfinder Books, Suite 2, First floor, 275 George St.
Liverpool, Sydney, NSW 2170
Dirección Postal: P.O. Box 73, Campsie, NSW 2194

ÚNASE AL CLUB DE LECTORES DE PATHFINDER
¡AMPLÍE SU BIBLIOTECA!

$10 POR AÑO
25% DESCUENTO PARA TODOS LOS TÍTULOS
30% DESCUENTO PARA LOS LIBROS DEL MES

Válido en pathfinderpress.com y los centros locales de libros Pathfinder

Visite: pathfinderpress.com/products/pathfinder-readers-club

Pathfinder
pathfinderpress.com